本丛书得到何东先生独资赞助

This series of books is financially supported exclusively by Mr. Eric Hotung.

20世纪中国文物考古发现与研究丛书

屈家岭文化

张绪球／著

文物出版社

一　屈家岭遗址远眺（由南向北）

二　马家垸城西南角（由西南向东北）

三　阴湘城东城垣（由东向西）

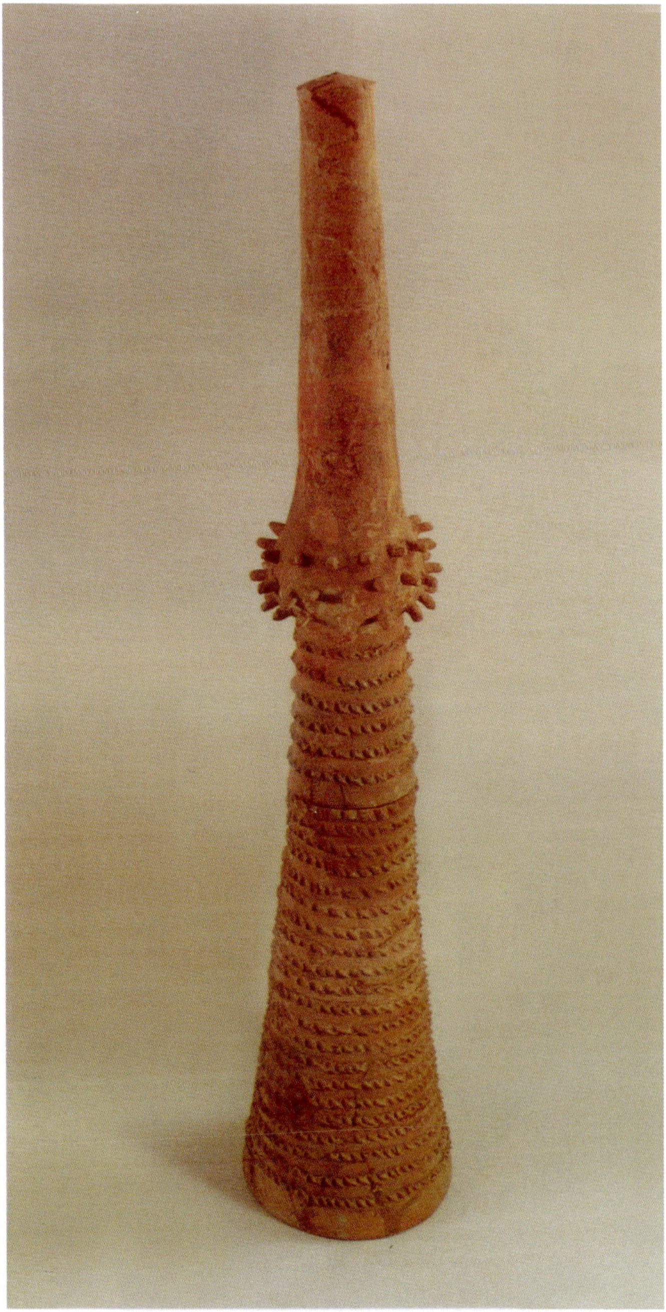

四　乳钉管形器和筒形器相接的形态

五　黄楝树遗址出土屈家岭文化彩陶壶（引自《中国大百科全书·考古卷》）

六　屈家岭遗址出土蛋壳彩陶杯（引自《京山屈家岭》）

序 / 张文彬

俗称"锄头考古学"的田野考古学的诞生以及中国考古学学科体系的基本完善，由此而引起的古物鉴玩观赏著录向科学的文物学的转变，是20世纪中国学术与文化界的大事。它从材料与方法两个方面彻底刷新了持续了数千年之久的中国古代史学传统，不但为中国学术界和文化界开拓出更加广阔的研究天地，也为一切关心中华民族悠久历史和灿烂文明的人们不断地提供了可贵的精神滋养和力量源泉。

仰古、述古、探古，进而考古，向来为我国传统文化中一个明显的学术特点。先秦时期诸子百家发其端，汉代司马迁撰写《史记》，北魏郦道元作注《水经》。他们对相关的遗迹遗物，尽可能地做到亲自考察和调查，既能辨史又可补史。这种寻根追源的治学态度，为后世学术上的探古、考古树立了榜样。此后，山河间的访古和书斋式的究古相继开展，特别是对古器物的研究，成了唐、宋时期的文化时尚。不少学者热衷于青铜铭文、碑刻、陶文、印章等古文字的考释，进而有了对器物的辨伪鉴定、时代判断、分类命名等，逐渐兴起了一门新的学问——金石学，涌现出许多著名的古器物鉴赏家和收藏家。只是囿于当时的历史条件，金石学家们无法了解所见文物的出土地点和情况，也难以涉及史前时代漫长的演进历程，因而长期以来始终脱离不了考证文字和证经补史的窠臼。即使如此，他们的艰辛努力和取得的成绩，还是为推动我国传统文化的发展起到了积极作用，并且在事实上也为中国考古学和中国文物学的起步铺设了最早的一段道路。

20 世纪初，近代考古学由西方传入。中国学者继承金石学的研究成果，学习并运用西方考古学方法，开始从事田野考古，通过历史物质文化遗存，探寻和认识古代社会，揭示人类社会发展规律。早在 1926 年，中国学者就自行主持山西南部汾河流域的调查和夏县西阴村史前遗址的发掘。随后，我国学者同美国研究机构合作，有计划地发掘周口店遗址，发现了北京猿人。从 1928 年起至 1937 年，连续十五次发掘安阳殷墟遗址，取得了较大收获，引起了国内外学术界的重视。自 20 世纪 50 年代以后，随着国家大规模经济建设的进行，田野考古勘探、调查和科学发掘工作在全国范围内蓬勃有序地开展，许多重要的典型遗址和墓地被揭露出来，重大发现举世瞩目。它们脉络清晰，层位分明，文化相连，不仅弥补了某些地域上的空白，而且衔接了年代上的缺环，为研究中国古代史、文化史、科学史以及其他学科领域，提供了珍贵、丰富的实物资料，极大地影响着人文社会科学诸多学科专业的研究与发展。这段时间被学术界称为中国考古学的黄金时代。在马列主义理论指导下，具有中国特色的考古学理论体系和方法论逐渐形成。有关研究成果不仅极大地改变和丰富了人们对中国文明起源、中国古史发展等重大问题的认识，同时也扩展了中国文物的研究领域和研究方式。可以说，考古学的发展与进步，直接影响到文物学的形成与发展，而且影响到全社会对文化遗产重要作用的认识以及世界学术界对中国古代文明的重新认识。

从20世纪80年代开始，文物界就中国文物学的创立，逐渐取得共识，在共同探讨的基础上，初步形成了学科体系。不少学者发表了有关论文，出版了专著，就文物的历史价值、科学价值、艺术价值以及在社会主义的物质文明与精神文明建设中如何对文物进行有效保护、合理利用发表意见。这些研究成果已获得学术界的赞同。

在这世纪之交和千年更替之际，对中国考古学和中国文物事业作一次世纪性的回顾和反思，给予科学的总结，是许多学者正在思考和研究的问题。如果能通过梳理20世纪以来重大发现和研究成果，透视学科自身成长的历程，从而展望未来发展的方向，以激励后来者继续攀登科学高峰，无疑是一件很有意义的事。为此，经过酝酿、商讨和广泛征求意见，我们约请一批学者（其中有相当多的中青年学者）就自己的专长选择一个专题，独立成篇，由文物出版社编辑出版一套《20世纪中国文物考古发现与研究丛书》，并以此作为向新世纪的献礼。

从某种意义上说，《20世纪中国文物考古发现与研究丛书》是一套学科发展史和学术研究史丛书。其内容包括对20世纪考古与文物工作概况的综合阐述；对一些重要的考古学文化和古代区域文化研究情况的叙述；对文物考古的专题研究；对重要的文物考古发现、发掘及研究的个例纪实。

此套丛书的内容面广，而且彼此关联。考虑到各选题在某些内容上难免会有重叠或复述，因此在编撰之初，我们要求各选题之间互有侧重，彼此补充，以期为读者了解20世纪中国考古学和文物学的发展提供更多的视角。

我国的文物与考古工作，虽在20世纪得到了迅速发展，但仍有许多重大学术问题需要进一步探索。我们主持编辑这套丛书，除了强调材料真实，考释有据，写作态度严谨求实外，也不回避以往在工作或研究上曾经产生的纰漏差错和不足之处，以便为今后的工作和研究提供借鉴。虽然我们尽了很大努力，但限于水平，各篇仍很难整齐划一。由于组稿和作者方面的困难和变化，一些计划之中的题目也未能成书。这些不周之处，敬请专家、学者和广大读者批评指正。

在丛书编印过程中，我们得到了文物、考古界的广泛支持。何东先生在出版经费上给予了热情帮助。在此，一并深表感谢。

2000年6月于北京

目　　录

插图目录

前言

屈家岭文化是长江中游具有代表性的一种新石器时代文化。

50年代初，考古工作者在湖北省京山县屈家岭首次发现和发掘了这种文化遗存，也就是从那时起，长江中游的新石器时代考古工作开始迈出了第一步。

近半个世纪以来，对屈家岭文化的调查、发掘和研究，大致可以划分为三个阶段：

第一阶段是从50年代前期到“文化大革命”之前。这段时间的考古调查与发掘都是在汉水流域进行的。简单的过程是：1954年冬，湖北省文物管理委员会为配合石龙过江水库工程，调查发现了京山县屈家岭和天门县石家河等重要遗址。1955年2月，湖北省文化局组织成立石龙过江水库指挥部文物工作队，由中国科学院考古研究所王伯洪、张云鹏任领队，对屈家岭遗址进行了第一次发掘[1]。这次发掘属于试掘性质，初步了解到它的文化内涵及地层堆积情况，看出遗址的文化遗物属于新的文化系统。对屈家岭遗址的第二次发掘是在1956年6月到1957年2月间，前后历时八个月，发掘面积为858平方米，《京山屈家岭》发掘报告中的资料就全部是这次发掘的[2]。在以上两次发掘之间，考古队还在天门县石家河发掘了罗家柏岭等四处遗址[3]，其中有些遗存与屈家岭同时，另一些则晚于后者。与此同时，又在石家河乡之北调查发现了大量的遗址。这些遗址后来经研究，确认是一处规模巨大的新石器时代聚落群[4]。在石家河发现的这些资料，对于比较和认识屈家岭遗存起到了重要的作用。

1960年由张云鹏负责编写的《京山屈家岭》发掘报告完稿。报告的结论指出：屈家岭遗址出土的遗物，具备了较多的特有的文化特征，应属于一个新的文化系统，因此将它命名为屈家岭文化。屈家岭文化由此成为长江中游第一个被发现和命名的新石器文化。报告还根据地层堆积和遗物特征，将屈家岭遗存分为早晚两期。《京山屈家岭》于1965年出版，这也是已出版的第一部长江中游考古报告。

50年代末至"文化大革命"前，为配合丹江口水库工程，在汉水中下游的考古发掘告一段落以后，考古工作的重点自然转移到了汉水的上游。丹江口水库淹没区包括汉水干流的郧县、均县和丹江流域的淅川县。从1958年开始，中国科学院考古研究所会同湖北省和河南省的文物部门，对上述范围进行调查和试掘[5]，并从1959年开始，重点发掘淅川的下集[6]、黄楝树[7]和郧县的青龙泉、大寺[8]等遗址。发掘工作一直持续到1966年"文化大革命"开始为止。

"文化大革命"前丹江口水库的考古工作，收获是多方面的。对于屈家岭文化研究来说，新的进展主要表现在：第一，明确了鄂西北和丹江口下游是屈家岭文化的分布范围。第二，弄清了这一地区新石器文化的相对年代关系，其发展顺序从早到晚依次为：仰韶文化、屈家岭文化、青龙泉三期文化（现称石家河文化）、龙山文化（有人称为乱石滩文化）。这一体系的建立为研究屈家岭文化与当地其他新石器文化的关系打下了基础。第三，大量屈家岭文化遗迹及墓葬的发现，为研究当时的聚落形态及社会组织提供了资料。

第二阶段是从70年代前期到80年代中期。这一阶段主要由于农田水利建设的发展，迫切需要文物考古工作进行配合，所以新石器时代的考古工作有了很大的发展。对屈家岭文化的调查与发掘，也由汉水流域发展到长江中游全境及豫西南各地。十多年中，在长江中游发掘的含有屈家岭文化遗存或与屈家岭文化有密切关系的遗址近二十处。其中比较重要的，江汉平原西南部有松滋桂花树[9]、公安王家岗[10]、枝江关庙山[11]、宜都红花套[12]，江汉平原中北部有钟祥六合[13]，长江三峡有中堡岛[14]、清水滩[15]，鄂西北有宜城曹家楼[16]，丹江下游有下王岗[17]，洞庭湖地区有澧县三元宫[18]、安乡划城岗[19]、华容车轱山[20]等。这些发掘使我们得知，屈家岭文化的分布向南已越过长江干流。在松滋桂花树遗址，考古人员还第一次发现了大溪文化、屈家岭文化、石家河文化相叠压的地层关系。此后这种地层关系发现得越来越多，从而在学术界引发了对屈家岭文化与大溪文化关系等问题的热烈讨论。

这一时期的后段，主要以考古调查为主。这是因为从80年代初开始，开展了全国性的文物普查工作。这项工作经历了大约五年的时间，各地因此发现了许多屈家岭文化遗址，这对于屈家岭文化的考古无疑是一次极大的推动。

第三阶段是从80年代中期到90年代末，这是长江中游新石器时代考古取得突破性进展和巨大收获的时期。在屈家岭文化研究方面，新的进展和收获主要表现在：第一、考古资料大量发表。各地在整理普查资料的基础上，争相发表考古调查报告，总数有几十篇之多，大多数报告都有关于屈家岭文化新发现的陈述和分析。第二，基础理论研究空前活跃。对屈家岭文化的研究，主要是围绕文化特点、文化分期和文化关系等问题进行的，这类研究性文章计有三十多篇。在讨论的问题中，有关屈家岭文化的渊源成为长期争论的焦点，言者莫衷一是。为了寻找充足的证据，湖北省考古工作者在江汉平原中北部陆续发掘了钟祥边畈[21]、京山油子岭[22]、天门龙嘴[23]等以红陶系为主的遗址，并于1992年在京山屈家岭进行了第三次发掘[24]，取得了重要收获。应该说，现在已经基本找到了答案。第三，聚落考古获得了突破性进展。聚落考古是以聚落遗址为单位进行田野考古操作和研究的一种方法。从80年代后期起，长江中游的聚落考古开始起步。在此后的十多年中，两湖地区陆续调查和发掘了九处新石器时代的古城聚落遗址，其中绝大多数遗存属于屈家岭文化，发掘面积累计近2万平方米。主要的调查发掘项目有石家河遗址群[25]、城头山城[26]、阴湘城[27]和走马岭城[28]等。这些发掘为研究屈家岭文化聚落的分化以及当时文明因素的发展，提供了丰富的资料。在此期间，对石家河遗址群的调查和确认特别引人注意。虽然早在50年代，考古人员就在这里进行过调查，后来又作过详细复查，但都没有注意到遗址之间的关系，只是简单地认为此处遗址特别多而且集中罢了。从1990年开始，在严文明主持下，北京大学和湖北省的考古工作者，再次对其进行调查，终于发现，在遗址的中心部位，有一座规模庞大的屈家岭文化古城，而其他遗址则大都与此城有密切联系。由此确认，石家河遗址是屈家岭文化和石家河文化时期长江中游最大的部落集团遗存。这一研究成果，对于确立石家河遗址群在长江流域新石器文化中的地位，以及它在长江中游古代文明产生过程中所起的作用，都是至关重要的。

此外，在三峡工程考古中，也发现一些比较重要的屈家岭文化遗存，如杨家湾墓地[29]、中堡岛祭祀坑[30]，使峡区屈家岭文化的面貌更加清晰。

通过以上简单的回顾，人们不难看出：在20世纪近五十年的时间里，屈家岭文化考古工作确实得到了巨大发展，并取得了丰硕成果。今天，当我们迈向新世纪之际，认真总结这几十年的工作成就，深入研究现有资料，把屈家岭文化考古工作提高到一个新水平，已成为不可推延的工作。《屈家岭文化》就是适应这一要求而作的尝试[31]。

注　释

[1] 石龙过江水库指挥部文物工作队《湖北京山、天门考古发掘简报》，《考古通讯》1956年第3期。

[2] 中国科学院考古研究所《京山屈家岭》，科学出版社1965年版。

[3] 湖北省文物考古研究所等《湖北石家河罗家柏岭新石器时代遗址》，《考古学报》1994年第2期；《湖北天门市石家河三处新石器时代遗址发掘》，《考古学集刊》第10集。

[4] 北京大学考古学系等《石家河遗址群调查报告》，《南方民族考古》第五辑，1992年。

[5] 中国科学院考古研究所长江队《湖北郧县和均县考古调查与试掘》，《考古学论集》第4集。河南省文物研究所《河南考古四十年》97～108页，河南人民出版社1994年版。

[6] 长江流域规划办公室考古队河南分队《淅川下集新石器时代遗址发掘报告》，《中原文物》1989年第1期。

[7] 长江流域规划办公室考古队河南分队《河南淅川黄楝树遗址发掘报告》，《华夏考古》1990年第3期。

[8] 中国社会科学院考古研究所《青龙泉与大寺》，科学出版社1991年版。

[9] 荆州地区博物馆《湖北松滋桂花树新石器时代遗址发掘简报》，《考古》1976年第3期。

［10］荆州地区博物馆《湖北王家岗新石器时代遗址》，《考古学报》1984 年第 2 期。
［11］中国社会科学院考古研究所湖北队《湖北枝江关庙山新石器时代遗址发掘简报》，《考古》1981 年第 4 期；《湖北枝江关庙山遗址第二次发掘》，《考古》1983 年第 1 期。
［12］红花套考古发掘队《红花套遗址发掘简报》，《史前研究》1990～1991 年合订本，简报中只发表了大溪文化资料。
［13］荆州地区博物馆《钟祥六合遗址》，《江汉考古》1987 年第 2 期。
［14］宜昌地区博物馆等《宜昌中堡岛新石器时代遗址》，《考古学报》1987 年第 1 期。
［15］武汉大学考古专业《清水滩遗址 1984 年发掘简报》，《江汉考古》1988 年第 1 期。
［16］武汉大学考古教研室等《湖北宜城曹家楼新石器时代遗址》，《考古学报》1988 年第 1 期。
［17］河南省文物研究所等《淅川下王岗》，文物出版社 1989 年版。
［18］湖南省博物馆《澧县梦溪三元宫遗址》，《考古学报》1979 年第 4 期。
［19］湖南省博物馆《湖南安乡划城岗新石器时代遗址》，《考古学报》1984 年第 4 期。
［20］岳阳地区文物工作队《华容车轱山新石器时代遗址第一次发掘简报》，《湖南考古辑刊》第 3 辑。
［21］张绪球《汉水东部地区新石器时代文化初论》，《考古与文物》1987 年第 4 期。
［22］湖北省荆州博物馆《湖北京山油子岭新石器时代遗址的试掘》，《考古》1994 年第 10 期。
［23］同［21］。
［24］屈家岭遗址考古队《屈家岭遗址第三次发掘》，《考古学报》1992 年第 1 期。
［25］同［4］。
［26］单先进、曹传松《澧县城头山屈家岭文化城址被确认》，《中国文物报》1992 年 3 月 15 日。湖南省文物考古研究所等《澧县城头山屈家岭文化城址调查与试掘》，《文物》1993 年第 12 期；《澧县城头山古城址 1997～1998 年度发掘简报》，《文物》1999 年第 6 期。
［27］荆州博物馆等《湖北荆州市阴湘城遗址东城墙发掘简报》，《考古》1997 年第 5 期。荆州博物馆《湖北荆州市阴湘城遗址 1995 年发掘简报》，《考古》

（一）关于屈家岭文化上限的讨论

屈家岭文化的上限划到什么地方？这是一个争论已久的问题。这一问题不解决，有关屈家岭文化的起源及其他各种问题，便无法进行研究。关于这个问题，主要有以下四种观点：

1. 以第二次发掘的屈家岭遗存早期为上限

这是最早出现的一种观点，以张云鹏为代表。在《京山屈家岭》中，张云鹏将第二次发掘的遗存全部定性为屈家岭文化，并分为早晚两期，而晚期当中又分晚期一和晚期二两部分。关于屈家岭文化早期的特点，张云鹏是这样进行概括的："早期的生产工具，石器以磨制比较粗糙的大型柱状石斧、石锛和大型的黑、灰陶纺轮为代表。生活用具中以黑陶为主，灰陶次之。器形有薄胎黑陶带盖鼎，蛋壳黑陶杯、罐、盘，朱绘黑陶罐、盘，圈足豆、圈足碗和圜底三足碗，平唇弧壁钵，三足盘和碟等，是其主要遗物，其中朱绘黑陶更具有代表性"[1]。

张云鹏的这一分期体系对学术界影响很大，在相当长的一段时间里，几乎所有的考古报告都是以屈家岭的早期遗存作为屈家岭文化早期的定性标准。

2. 以黑陶为主的遗存为上限

这种观点以何介钧等学者为代表。1982 年，何介钧在

《长江中游原始文化初论》[2]中论述道："过去，一般只承认屈家岭、朱家嘴、放鹰台三处为屈家岭文化早期遗存……其实，屈家岭文化早期压着大溪文化晚期（第四期）的地层多处存在……由于大溪文化第四期与屈家岭文化早期存在很多因素上的相似，因此往往将大溪文化分布区内的屈家岭文化早期遗存（如划城岗中一期、王家岗上层墓、度家岗、长岗庙墓葬同一发展阶段的遗存）当作紧接大溪文化第四期的更晚一期来对待，而未将其划为屈家岭文化。其实，这一时期的文化遗存在陶系上已发生质变，器形上也有若干变化，如实地认作是屈家岭文化早期是合适的。若硬要将其作为大溪文化第五期，那么，屈家岭遗址的早期遗存也将被视作大溪文化第五期，而不应被称作屈家岭文化早期了。因为屈家岭早期遗存和现在被部分同志视作大溪最晚一期（第五期）的遗存，在陶系和器形方面，都是高度一致的。"何介钧文中所说的"屈家岭文化早期遗存"，学术界一般又称为"以黑陶为主的遗存"。对此类遗存的陶系特征，何介钧是这样总结的："泥质黑陶在各种陶系中占第一位，其次为泥质灰陶，京山屈家岭遗址 T99 第 5 至 8 层泥质黑陶占 45.3%，灰陶占 35.93%。灰坑中泥质黑陶占 61.32%，泥质灰陶占 19.87%。朱家嘴遗址泥质黑陶占 64%，其次为泥质灰陶。划城岗遗址 T8 第二下层（中一期），泥质黑陶占 49%，灰陶占 18%；至于墓葬随葬品中，泥质黑陶和灰陶所占比重更大。"从何介钧的论述中可以看出，他所说的"屈家岭文化早期遗存"，不仅包括了汉水东部以屈家岭遗址早期为代表的遗存，而且包括了长江中游所有以黑陶为主的遗存，在地域范围和遗存数量上都大大突破了第一种观点所主张的"屈家岭文化早期遗存"的范畴。何介钧的这一观点也有较大影响。目前湖南省考古界在界定屈家岭文化遗存中，基本上都采纳与此相似的观点。

3. 以典型屈家岭文化的出现为上限

这种观点主要以向绪成为代表，它是针对第二种观点而提出来的。向绪成在《屈家岭遗址下层及同类遗存文化性质讨论》[3]一文中，首先将黑陶为主的遗存和大溪文化进行了比较。他认为："以黑陶为主的遗存绝大多数器物是从大溪文化发展来的。这种发展关系表现在：有些器形只出现局部变化……有些器物只是陶色起了变化，同一类器物，在大溪文化时是红陶，到以黑陶为主的遗存时期，变成了黑陶和灰陶……还有这时期的戳印纹、彩绘陶纹、横人字纹也是在大溪文化时期就已产生了的典型纹饰。可见以黑陶为主的遗存，其基本器形、纹饰都是从大溪文化发展来的，这些基本器形和纹饰也是构成大溪文化的基本因素。以黑陶为主的遗存除了陶系上出现质变以外，在器类和器物造型上并没发生质变。"

向绪成又将黑陶为主的遗存与典型屈家岭文化进行了比较。按他的解释，此处所说的典型屈家岭文化，是专指《京山屈家岭》报告所称的屈家岭文化晚期。他认为："以黑陶为主的遗存与典型屈家岭文化比较，在文化面貌上就大不一样了。不仅陶系发生了质变（以黑陶为主变为以灰陶为主），而且器类和器物造型也发生了突变。以黑陶为主的遗存有些器形虽然在典型屈家岭文化时期继续沿用，但已经不是构成该文化特征的基本器形了……有些虽然是典型屈家岭文化有特征的基本器形……但所占比例很小，算是典型屈家岭文化在黑陶为主的遗存时期的一种萌芽和先声。以黑陶为主的遗存，其基本器形多数不见于典型屈家岭文化……典型屈家岭文化出现了一批新的器物，在以黑陶为主的时期不见这些器物的出现，表明原始文化已发展到一个新的历史阶段，即进入一个新的考古学文化时期。”

向绪成的这一观点近年来为越来越多的学者所接受。例如陈文在《屈家岭文化的界定与分期》[4]一文中就认为：在屈家岭遗址中，“所谓的屈家岭文化的早晚两期文化面貌差别极大，它们实际上是有早晚关系的两种不同遗存，即属于两种不同的考古学文化”。因此他主张将屈家岭早期、京山朱家嘴一类以黑陶为主的遗存单独命名为“屈家岭下层文化”。樊力也持与向绪成相似的观点，他将青龙泉类型的屈家岭文化分为早、晚两期，而其早期的晚段，即相当于屈家岭的晚期一阶段。

4. 以第三次发掘的屈家岭遗存第二期为上限

这种观点主要以林邦存为代表。提出这个观点的主要依据是，1989 年湖北省考古工作者对屈家岭遗址进行第三次发掘所获得的资料[5]。林邦存在整理的基础上，将新发掘的遗存分为三期，又将三次发掘的全部资料，系统地分为六期。六期当中的第三期，包括《京山屈家岭》中的早期遗迹和第三次发掘的第三期。六期当中的第四期，主要是《京山屈家岭》中的早期地层。林邦存在《屈家岭遗址和屈家岭文化的分期》[6]和《关于屈家岭文化区、系、类型问题的初步分析》[7]中，以六期说为基础，将屈家岭一期称为前屈家岭文化，二期称为屈家岭文化初期，三期称为屈家岭文化早一期，四期称为屈家岭文化早二期，五期称为屈家岭文化晚一期，六期称为屈家岭文化晚二期。从这一分期体系中可以看出，林邦存已将屈家岭文化的上限追溯到他所划分的屈家岭二期，比何介钧等人提出的以黑陶为主的遗存还要早。

5. 对四种观点的分析和比较

第一种观点是根据50年代屈家岭遗址的发掘资料而提出来的。当时由于屈家岭遗址的早期遗存发现得不多，又没有其他类似的资料可供比较，所以对早期部分的文化特征未能获得全面认识。张云鹏对屈家岭文化早期特点的看法，不仅过于简略，而且有一些需要纠正的地方。例如《京山屈家岭》报告中当作是早期的T171:6（1）壶形器（报告图版拾贰:5），以后经多次发掘检验，实际上是屈家岭晚期的器形。另外被当作早期朱绘黑陶罐和盘的残器，绝大部分都是曲腹杯，只是因为过于破碎，所以才未能正确辨识定名（报告图一四）。由于受到这些局限，又由于早期遗存直接叠压在晚期遗存之下，所以发掘报告将第二次发掘的全部遗存都定性为屈家岭文化。

第二种观点主要是在第一种观点的基础上提出来的。70年代到80年代初，在长江中游发现了多处以黑陶为主的遗存，这些遗存与原先发现的以红陶为主的大溪文化相比，在陶色上有明显区别，器形上也有一些变化。何介钧把这些遗存统统归于“屈家岭文化早期”，主要是认为它们的陶色与屈家岭遗址早期器物的陶色相同，器形也很相似。其推理过程是：第一，屈家岭遗址早期属屈家岭文化早期。第二，长江中游以黑陶为主的遗存特点与屈家岭遗址早期相同或相似。第三，因此以黑陶为主的遗存都属于屈家岭文化早期。这一推理有两个明显的弱点。首先，考古界对屈家岭早期遗存的文化性质有不同的看法，这是无法回避的。在未充分论证这种遗存的文化性质前，就把它当作屈家岭文化早期的标准，基础是脆弱的。其次，把陶色的变化看作是区别考古学文化的主要标准，在理论和实际中都是难以成立的。因为陶色主要是由陶窑的结构和烧制技术决定的，而器形主要是由人们的审美观念、文化传统和实际需要决定的。考古学文化的性质显然与器形而不是与陶色有更多的联系。例如大汶口文化晚期，陶色和早中期器物的陶色区别很大，但人们并未因此就认为它的文化性质发生了变化，其主要原因就是器形仍保留着原来的主要种类和特点。

第四种观点不仅认为《京山屈家岭》中的早期遗存属于屈家岭文化，而且把比此早得多的遗存也当作是屈家岭文化。林邦存认为该期陶器的特点是："陶系以泥质黑陶为主，泥质灰陶和夹炭红陶也占有相当大的比例，二者比例并不悬殊；新出现一批泥质黑、灰陶小鼎、高圈足钮器盖，尚未出现曲腹杯……"林邦存坚持从汉水东部特别是屈家岭遗址较早的遗存中去探讨屈家岭文化的上限，并且也看到了屈家岭遗址上下层之间存在的许多内在联系，这些都是值得肯定的。但是他把屈家岭文化的上限划到屈家岭第三次发掘的第二期，根据就不足了。因为在《屈家岭遗址第三次发掘》中，屈家岭二期的资料极少，陶器中复原的器形只有簋形器和器盖两件，其余全是碎片。在如此薄弱的基础上断定其性质，自然难以说服人。

第三种观点主张以典型屈家岭文化的出现为上限。这一观点的立论基础是，在大溪文化与典型屈家岭文化之间，有一种以黑陶为主的过渡性遗存。经过比较，这种遗存在陶器器形上与大溪文化早中期有着一脉相承的演变关系，而与典型屈家岭文化有着明显的区别，因此这种遗存属于大溪文化。向绪成提出的这个观点将屈家岭文化的上限划得很清楚，而其他三种观点却都未能做到这一点。应该承认，这种强调器形不同及变化的划分方法，在理论上是站得住的，其划分结果也是比较符合客观实际的。如果说有什么不足，那就是论证还不充分。因为向文的重点是论证以黑陶为主的遗存的文化属性，而学术界对此是有分歧意见的。实际上，汉水东部地区油子岭类型的遗存与典型屈家岭文化之间的关系更加受人关注，例如林邦存就主张将前一种遗存看成是早期的屈家岭文化。如果能将这两种遗存进行直接比较，划定两者之间的界限，就会更有说服力。

如何界定屈家岭文化的上限，关键在于如何认识汉水东部地区早于典型屈家岭文化的遗存。这类遗存目前虽然已发现了不少，但资料的总量并不大，也不系统。它和典型屈家岭文化之间的区别和联系，还没有得到充分的揭示和论证。因此，关于屈家岭文化上限的讨论并没有结束。根据目前的考古资料和认识水平，本书采纳第三种观点，即将屈家岭文化的上限划到典型屈家岭文化的出现为止。

（二）长江中游早于屈家岭文化的遗存

屈家岭文化的起源与形成，是长江中游新石器时代文化研究中的重要课题。在近二十多年的时间里，考古工作者为此进行了不间断的探讨，至今仍未形成共识。那么这个课题的研究为什么如此困难呢？原因有两个。其一，屈家岭文化分布广阔，南北纵跨湖南、湖北、河南三省，在此范围内，直接早于屈家岭文化的原始遗存就有许多个。这些遗存虽然在地层关系上都叠压在屈家岭文化层之下，而且在文化因素上，也都和屈家岭文化有不同程度的联系，但其中哪是屈家岭文化的主源呢？对此，学者们一向都是各持己见。这是因为每个研究者接触的材料不尽相同，研究方法也有差异，难免会出现各种各样的答案，可见这一问题并不简单。其二，屈家岭文化的年代范围大约在距今5000年至4600年之间，这已是铜石并用时代初期了。在此之前，长江流域的新石器文化已经历了七千年左右的发展过程，这一过程由于部落的发展迁徙与文化的彼此影响而充满曲折。屈家岭文化作为一种比较后起的地域文化，它不可能仅是由某一种原始文化孤立发展的结果，而极有可能是由几种原始文化长期融合发展而产生。因此，只简单地进行两种文化的比较，是难以说明屈家岭文化的起源及形成过程的。

现时在屈家岭文化的起源与形成问题上，虽然尚未形成一致公允的结论，但有一点是可以肯定的，这就是，正确的结论只能在长江中游早于屈家岭文化的遗存中去找。所以我们在探讨这一问题时，有必要先对这些遗存作一个简略而系统的追述。

1. 新石器时代早中期

中国新石器时代分为早、中、晚三期。早期年代约为公元前10000年至前7000年，中期年代为公元前7000年至前5000年，晚期年代为公元前5000年至前3500年，此后为铜石并用时代。

在长江中游范围内，目前确认属于新石器时代早期的遗存仅玉蟾岩遗址[8]一处，位于湘江上游湖南省道县寿雁镇白石寨村，年代距今1万年以上，为旧石器向新石器过渡时期的文化遗存，其最重要的发现是出土了十分原始的陶片和水稻的谷壳。

长江中游新石器时代中期的文化遗存发现较多，主要有湖北境内的城背溪文化、湖南境内的彭头山文化和皂市下层文化（图一）。

城背溪文化是1983年冬在湖北宜都城背溪遗址[9]首先发

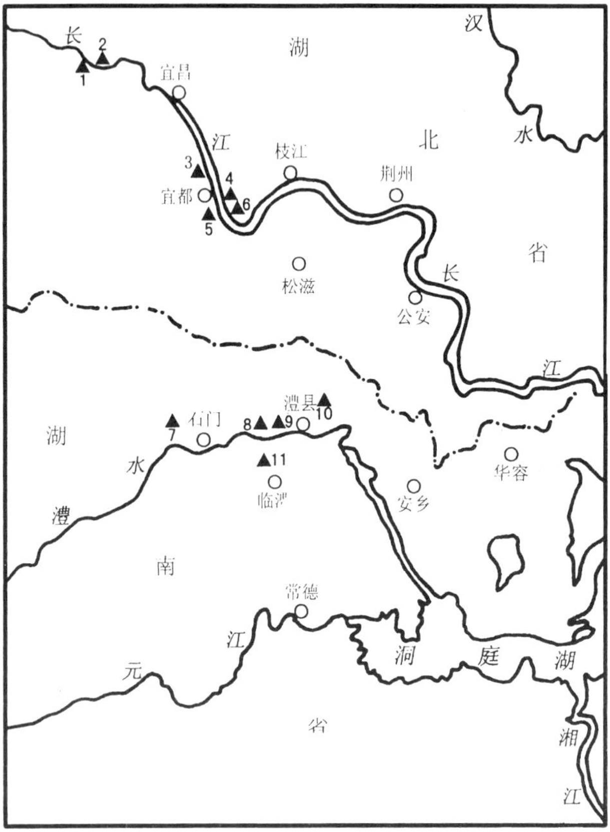

图一　长江中游新石器时代中期遗址分布图

1. 朝天嘴　2. 柳林溪　3. 城背溪　4. 花庙堤　5. 枝城北　6. 青龙山
7. 皂市　8. 李家岗　9. 彭头山　10. 八十垱　11. 胡家屋场

现的。这种文化的分布范围是在长江西陵峡的东侧及与江汉平原的接合部。目前已发现遗址近二十处，比较重要的有宜都花庙堤[10]、栗树窝子、孙家河、枝城北[11]，枝江青龙山[12]，秭归朝天嘴[13]等。

大约在湖北发现城背溪文化的同时或略有先后，在湖南洞庭湖地区也发现了许多属于新石器时代中期的文化遗存，其中最有代表性的是澧县彭头山遗址[14]和石门皂市遗址的下层[15]。根据这两个遗址及其他同类遗址所反映的文化特征，湖南省考古界分别将它们命名为彭头山文化和皂市下层文化。彭头山文化主要分布在澧水中下游的山前地带，目前已发现遗址近二十处。经过发掘的遗址除彭头山以外，还有八十垱[16]和李家岗[17]两处。皂市下层文化的分布范围比彭头山文化大得多，仅在澧水中下游和沅江下游就已发现遗址三十多处，经过发掘的遗址除皂市外，还有澧县黄家岗、临澧胡家屋场[18]和岳阳坟山堡[19]等。

以上三种文化具有许多相似的特征，例如陶器火候不高，表面多呈红褐色，绳纹特别多，在湖南地区还流行各种复杂的刻划纹和戳印纹。器类虽有所不同，但都以圜底罐（釜）、圜底钵、支座、盘最为常见。

关于这三种文化之间的关系，主要有两种看法，一种看法认为，它们可能属于同一个考古学文化的不同地方类型，共同代表长江中游新石器时代中期的文化[20]。另一种看法认为，彭头山文化和皂市下层文化是两个具有直接发展关系的文化，而城背溪文化只是皂市下层文化的一个地域类型。

除以上三种文化遗存外，近年来在汨罗江、湘江中下游和沅江上游，也发现了一些属于新石器时代中期的遗址，例如长沙大塘[21]，汨罗附山园、黄家园[22]，黔阳高庙[23]等。湖南考古界的学者将它们分别命名为大塘文化和高庙文化[24]。

长江中游新石器时代中期文化取得的突出成就是稻作农业

的产生和初步发展。虽然考古人员在玉蟾岩发现了新石器时代早期的稻壳，但数量极少，对其性状也尚需作进一步研究。而与此不同的是，新石器时代中期的稻作遗存被大量发现，据考古发掘报告报道，在彭头山遗址陶片中夹有大量稻壳和稻谷，同样的情形也出现在城背溪、枝城北等遗址中。更重要的发现是在八十垱遗址中，人们在这里发现了约 1.5 万粒炭化稻谷和稻米。彭头山和八十垱遗址的年代为距今 9000 年至 8000 年，为了弄清这些稻谷是人工栽培还是野生，湖南省文物考古研究所实验室对彭头山遗址的稻谷标本进行了观察和研究，结论是稻粒比较细长，与现代栽培稻很接近，水稻花粉与河姆渡文化中发现的一致[25]。此后张文绪和裴安平又对八十垱的古稻进行了研究，结论是“可初步认定八十垱出土稻谷是一种兼有籼、粳、野等特性的正在分化的倾籼小粒形原始古栽培稻。建议定名为‘八十垱古栽培稻’”[26]。彭头山文化中的古栽培稻遗存，对于研究水稻的起源有重要意义，许多学者认为，长江中游是中国主要的稻作农业起源地。

新石器时代中期，聚落已具有相当的规模，例如彭头山遗址的面积达到了 1 万平方米以上，有居住区和公共墓地。在八十垱遗址的外围，还发现了围沟和围墙，两者具有明显的防卫和防水作用，说明长江中游的环壕环城聚落早在八千年前就已出现雏形。

2. 新石器时代晚期

大溪文化

长江中游新石器时代晚期的文化主要是大溪文化，它是在城背溪文化的基础上发展起来的。大溪文化因首先发现于四川省巫山县大溪遗址而得名。1925 年至 1926 年，美国人纳尔逊

(N.C.Neison) 曾在此调查并采集到一些遗物。1959 年和 1975 年，四川省考古工作者在此进行了三次发掘，共发现墓葬二百零七座[27]。类似的文化遗存在长江西陵峡的杨家湾、四渡河、朝天嘴等遗址也陆续被发现[28]。由于大溪遗址的调查和发掘揭示出一种新的文化遗存，又由于长江三峡发现了一批具有相似特征的遗址，因此考古界从 70 年代初开始把这类遗存称为大溪文化。

在大溪文化发现之初，人们以为它仅仅是川东、鄂西峡区内的一种新石器文化，但从 70 年代开始，江汉平原和洞庭湖地区也发现了许多相同或相似的遗存，这就大大改变了人们对大溪文化在长江中游地位的认识。到目前为止，在鄂西南发现的大溪文化遗址主要有宜都红花套[29]，松滋桂花树[30]，枝江关庙山[31]，宜昌伍相庙[32]、清水滩[33]、中堡岛[34]、白狮湾[35]、杨家湾[36]，秭归龚家大沟[37]，荆州毛家山[38]、朱家台[39]、阴湘城[40]等。以上这些遗址和大溪遗址都具有共同的文化特征，应属于同一种类型。由于关庙山遗址发掘面积最大，遗存也最具有代表性，所以很多学者将这一类型称为关庙山类型。

从 70 年代后期开始，在洞庭湖的北侧发现许多与关庙山大溪文化相似但又有区别的遗存。代表性的有：澧县三元宫[41]、城头山[42]，石首走马岭[43]，公安王家岗[44]，安乡划城岗[45]，华容车轱山[46]等。对这些遗存，有些学者认为它们属于大溪文化的一个新类型，即三元宫类型[47]。但也有不同的看法，如林向就认为，三元宫遗址的早中期可能是受大溪文化影响的另一种原始文化。王杰、孟华平等学者也主张将其另外命名[48]。

江汉平原中北部新石器时代晚期的考古工作，主要是在80年代进行的。代表性的遗址有：京山油子岭[49]、朱家嘴[50]、屈家岭（1992年发掘的一至三期）[51]，天门龙嘴[52]、谭家岭（一至三期）[53]，钟祥边畈（三期）[54]、六合[55]等。对这类遗存的文化性质，近年来讨论颇为活跃。有些学者认为它们是大溪文化的一个新类型，即油子岭类型[56]，也有人认为应将它们单独命名为油子岭文化[57]。对洞庭湖及汉东两个地区上述有关遗存的性质，所以会有不同的看法，主要是因为这些遗存中，既有大溪文化的因素，又有当地土著文化或其他文化的因素。在未形成定论前，可以暂将这些遗存作为大溪文化的不同类型看待（图二）。

对大溪文化的研究工作，主要集中在分期和聚落形态两个方面。

首先是分期工作。这方面的研究工作主要是在80年代进行的。比较重要的论述有何介钧的《试论大溪文化》[58]、李文杰的《大溪文化的类型和分期》[59]、向绪成的《从关庙山遗址看大溪文化》[60]等。分期的基本方法，一般是以关庙山类型的发掘资料为基础进行系统的分期，然后再以此为标尺，对其他两个类型进行比较。

大溪文化一般分为四期。其实际年代，主要是参照关庙山类型各期的年代。李文杰认为，关庙山类型第一期距今约6500年至6000年；第二期距今约5940年至5830年；第三期距今约5645年至5505年；第四期距今约5330年至5235年[61]。由他推定的这些结果可以作为参考。

在聚落形态研究方面，主要有以下一些收获。

第一，对聚落内房屋的建筑及使用特点有了初步的了解。

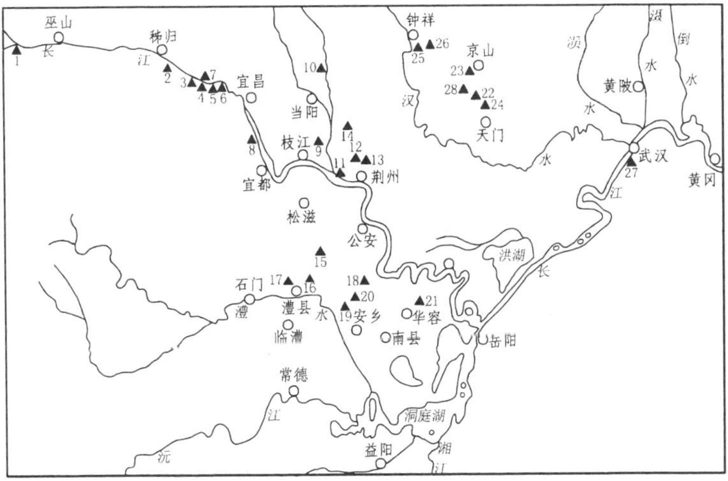

图二　长江中游新石器时代晚期遗址分布图

1.大溪　2.龚家大沟　3.朝天嘴　4.中堡岛　5.杨家湾　6.清水滩　7.伍相庙　8.红花套　9.关庙山　10.杨木岗　11.蔡台　12.朱家台　13.毛家山　14.阴湘城　15.桂花树　16.三元宫　17.城头山　18.王家岗　19.划城岗　20.汤家岗　21.车轱山　22.油子岭　23.朱家嘴　24.谭家岭　25.六合　26.边畈　27.放鹰台　28.屈家岭

以关庙山遗址为例，那里发现的房子一般为方形，有大、中、小三种。三种房子的功用可能有所不同。小房子以 F22 为例，面积有 35 平方米，可能是对偶家庭居住的。大房子的面积大约在七八十平方米以上。在一座大房子中，发现一些口小底大的袋形灶。这些灶有四个并联在一起的，也有三个串联在一起的。这显然是很多人居住在一起过着集体生活的反映。

第二，对墓地的布局和埋葬方式进行了研究。大溪文化时期的墓葬发现较多，比较重要的有大溪、划城岗和王家岗等处。这些墓地的共同特点是墓葬之间随葬品多寡不同。在划城岗遗址中有两个相邻的同时期墓地，两墓地的随葬品数量和质量有明显的差别。这些现象说明，大溪文化后期，不仅氏族成员之间已出现贫富分化，而且在不同的氏族或家族之间，也有了分化。

第三，对聚落形态的变化进行了考察。大溪文化时期，由于种植经验的积累，稻作农业在经济生活中所起的作用越来越大。在江汉平原和洞庭湖平原一些适宜稻作农业的地区，聚落便迅速发展起来，出现了许多大型聚落，如城头山、关庙山、阴湘城等，面积都在10万平方米左右或更大。这些聚落的一个显著特点就是对防卫系统极为重视，有的已开始构筑城垣。例如城头山大溪文化第一期城垣现存高2米多，底宽10多米。同时开挖的壕沟宽10米，深3～4米，长1000多米。沟外坡、内坡都有用木柱和芦席捆绑加固的护坡设施，有的部位还用大块砾石围护坡岸[62]。这种环城环壕聚落的出现，标志着大溪文化时期，在某些经济与社会发展较快的地区，已经出现了不同于一般聚落的中心聚落。

长江中游新石器时代晚期的文化遗存，除大溪文化外，还有以下三种。

（1）汤家岗文化。分布于洞庭湖北侧，以汤家岗下层为代表[63]。这类遗存原来是被看作大溪文化的早期遗存，近年来湖南省文物考古研究所将它分离出来，单独命名为汤家岗文化。汤家岗文化陶器的重要特色，是有一定数量的白陶以及复杂的印纹、刻划纹。汤家岗文化有相当发达的稻作农业。1997年湖南省文物考古研究所在解剖城头山东城墙时，在城墙底下发现了三丘水稻田，其形态与近代的小块水田很相似，还有人工开挖的水沟与水坑，说明当时已有了配套的灌溉设施。这些水稻田的年代在距今6500年至6200年之间，属于汤家岗文化时期，是全世界目前已知最早的水稻田。

(2) 仰韶文化。分布于鄂西北和河南省西南部，是黄河流域新石器时代晚期文化向南的延伸，也有人称这种遗存为朱家台文化。

(3) 螺蛳山一类遗存[64]。分布于湖北黄冈市一带。此地是东西和南北考古学文化的接触地带，因而兼容了多种文化因素，其中既有仰韶文化、大溪文化的因素，也有薛家岗文化的因素。

(4) 以边畈遗址一、二期为代表的遗存。分布于江汉平原的北部，钟祥、云梦、黄陂等县市都有发现。这类遗存的特色之一是陶器中有大量的鼎，其相对年代相当于关庙山大溪文化一至二期。对这类遗存，有的认为属仰韶文化系统，也有的认为应单独命名。

(三) 关于屈家岭文化起源的研究

对屈家岭文化的起源，主要有三种观点。

1. 大溪文化起源论

这种观点认为：大溪文化与屈家岭文化属于同一个文化系统，两者具有直接的发展关系。1979年李文杰在《试论大溪文化与屈家岭文化、仰韶文化的关系》[65]一文中，最先提出："大溪文化与屈家岭文化既有内在的联系，又有明显的差别，是本地两个先后相承接的文化。"

这篇文章发表后，引起了学术界的争论。一些持不同看法的学者开始撰文进行反驳，而另一些持相同观点的学者则力求作进一步论证，双方形成长期互相辩驳的局面。

大溪文化起源论的主要理由是：

（1）大溪文化与屈家岭文化的分布范围基本重合，在地层关系上，屈家岭文化层叠压大溪文化层。大溪文化起源论认为：大溪文化区的范围，西到四川省巫山县，东到湖北荆州市，北达汉水以东的京山县、天门市，南抵洞庭湖北岸。整个大溪文化区可以划分为关庙山、三元宫和油子岭三个类型。在以上范围里，大溪文化和屈家岭文化的分布是重合的。并且“在桂花树、红花套等遗址都已发现屈家岭文化叠压在大溪文化层上”，证明屈家岭文化晚于大溪文化。

（2）大溪文化与屈家岭文化之间存在着发展演进的关系。李文杰通过比较认为：它们之间“有若干共同点，有内在的联系”。以后向绪成又在《浅议大溪文化与屈家岭文化的关系》[66]和《屈家岭遗址下层及同类文化性质讨论》两篇文章中，指出在大溪文化和屈家岭文化之间存在着一个过渡的环节，这就是以黑陶为主的遗存。这类遗存在汉水东部是以屈家岭下层和朱家嘴等遗存为代表，在长江干流以公安王家岗墓葬和安乡划城岗中一期遗存为代表。向绪成认为：此类遗存既是大溪文化的尾声，又是屈家岭文化的先声，有明显的承上启下的特点。由于其中大溪文化的因素稍多些，因此把它们划到大溪文化晚期。何介钧在《长江中游原始文化初论》一文中所表述的观点与此相似，即也认为这类遗存是大溪文化向屈家岭文化发展的过渡阶段。不同之处只是在于，他认为以黑陶为主的遗存应该划到屈家岭文化早期，而不是划到大溪文化晚期。

2. 汉水东部起源论

针对大溪文化起源论，一些学者提出了否定性的观点。

1980年王劲在《江汉地区新石器时代文化综述》[67]一文中认为："以江汉平原为中心向西发展的屈家岭文化和以鄂西为中心向东发展的大溪文化类型，交错发展，互相影响。""是起源于不同地域的两个不同的原始文化。"王劲这里所说的江汉平原，是指江汉平原的中北部，属汉水东部地区，这从她的文章内容中可以得到说明。

汉水东部起源论最初提出的主要论据是：大溪文化和屈家岭文化的分布范围不同。王劲认为：在鄂西南大溪文化区，只存在"包含有屈家岭文化因素的一期文化遗存，并非有一期屈家岭文化"。张之恒也认为：分布于大溪文化之上的只是一种"既承袭了屈家岭文化因素，又承袭了大溪文化因素"的一种"所谓的屈家岭文化"，意即没有标准的屈家岭文化[68]。但这些看法并不符合实际情况。随着鄂西南屈家岭文化遗存发现的增多，现在已没有人坚持这种看法了。

持汉水东部起源论的学者在否定大溪文化起源论的同时，都一致认为，应到汉水以东地区去寻找屈家岭文化的渊源。但是由于考古资料的局限，在较长一段时间里，他们并没有能够具体指认出，究竟汉水以东哪种文化遗存才是屈家岭文化的渊源。这种情况直到80年代才有了变化。在此期间汉水东部陆续发掘出一批以红陶系为主的新石器遗存。到90年代，这些新资料逐渐公布。有人将这类遗存称为大溪文化油子岭类型。也有的学者将其命名为"油子岭文化"，称它是"分布在京山、天门的原始土著文化，屈家岭文化是它的继续和发展"。认为"油子岭文化"的发现，是对大溪文化起源的否定[69]。另外还有学者干脆把油子岭一类遗存直接说成是较早的屈家岭文化[70]。其实，对于油子岭一类遗存，两种起源论的看法并非完全对立，主要是对其性质有不同认识，大溪文化起源论称之为油子岭类型，而汉水东部起源论称之为“油子岭文化”。

3. 仰韶文化起源论

这种观点主要以郑杰祥的看法为代表。1981年郑杰祥在《试论大河村类型》一文中，“认为屈家岭文化早期可能是仰韶文化在豫南、鄂西北的一个地区类型，似应从中原地区的仰韶文化脱胎而来，以后向南发展至江汉平原之上，汇合周围其他类型的文化而形成独立发达的屈家岭文化”。1983年郑杰祥又在《屈家岭文化渊源试探》[71]一文中，认为屈家岭文化“很有可能是从中原地区的仰韶文化母体中脱胎出来，以后发展至江汉地区，融合了周围其他类型的文化，进而形成一种独立发达的屈家岭文化”。郑杰祥提出的主要论据是：

（1）在郧县大寺、青龙泉和豫西南的淅川下王岗诸遗址中，都发现屈家岭文化叠压在仰韶文化层之上。

（2）“在所有发现的仰韶晚期遗存中都包含有屈家岭文化的因素。”

4. 对三种起源论的比较

在屈家岭文化的三种起源论中，影响比较大的是大溪文化起源论和汉水东部起源论。这两种起源论有分歧也有共同点。

两者的主要分歧是：

第一，对屈家岭文化起源地的看法不一致。大溪文化起源论认为，鄂西南、湘北和汉水以东是大溪文化和屈家岭文化共同的分布范围，因此以上地区都是屈家岭文化的起源地。例如李文杰、向绪成等学者，在论证大溪文化和屈家岭文化的内在联系时所引用的比较资料，就包括了这三个地区前后两种文化的全部遗存；而汉水东部起源论只承认江汉平原中北部即汉水以东地区是屈家岭文化的起源地。

第二，对汉东地区新石器时代晚期文化的性质看法不同。大溪文化起源论认为，汉水以东是大溪文化油子岭类型的分布范围；而汉东文化起源论认为，这里只存在大溪文化的影响，并不存在大溪文化，所以主张把油子岭一类的遗存命名为油子岭文化。

两者的共同点是：在起源地上，大溪文化起源论虽然未能像汉水东部起源论那样，指出汉东地区是屈家岭文化的唯一起源地，但其所说的屈家岭文化起源地中，也包括了汉东地区。另外，两种起源论都认为汉水以东较早的原始文化与屈家岭文化之间有密切的内在联系。这种共同点无疑是一个很好的启示，它告诉我们：在探索屈家岭文化的起源中，应把注意力集中在汉水以东地区。

关于仰韶文化起源论，郑杰祥的主要根据是豫西南的考古资料。在豫西南和鄂西北，屈家岭文化层确实叠压在仰韶文化层之上。在仰韶文化晚期的一些遗存中，也确实存在某些屈家岭文化的器形或特点。但这些材料均不足以证明仰韶文化起源论。因为地层叠压关系只能说明遗存间的年代早晚关系，与发展关系并无必然联系。郑杰祥以淅川下王岗遗址为例，说明仰韶文化晚期遗存“多和屈家岭文化交错在一起”，这一看法与实际情况并不相符。因为正式发掘报告中所见到的仰韶文化与屈家岭文化相同的器形，只有薄胎小杯一种。此外有的罐形鼎足为卷边形，也与屈家岭文化的相似[72]。从量上看，这些因素所占的比例极小，远未达到“交错”程度。因此仰韶文化起源论缺少立论的基础。但郑杰祥认为豫西南和鄂西北的屈家岭文化属同一个地域类型，并认为那里的屈家岭文化继承了仰韶文化的一些特点，这些看法都是正确的，也是值得重视的。

（四）油子岭类型向屈家岭文化的过渡

1. 油子岭类型中出现的屈家岭文化因素

无论是大溪文化起源论，还是汉东文化起源论，都一致认为，在油子岭类型遗存中，已出现相当多的屈家岭文化因素。这些因素在陶器特征上表现得最为明显。

（1）蛋壳彩陶器。屈家岭晚期遗存中有相当多的蛋壳彩陶碗和杯。它们被认为是屈家岭文化中最富特征的器物。王劲在《江汉地区新石器时代文化综述》一文中，作过如下叙述："薄如蛋壳的彩陶器，代表了当时制陶技术的高度水平，是屈家岭文化的鲜明特征之一。蛋壳彩陶胎仅0.1～0.2厘米厚，器形有碗和杯两种。橙黄地，施黑色、橙红色陶衣，绘红、黑彩，或二色兼绘，造型美观。蛋壳彩陶杯斜壁平底似喇叭状，用卵点、叶形、方框等组成的花纹彩绘于器外，少数内外都绘彩。"

从现有的资料可以看出，蛋壳彩陶碗早在油子岭类型第一期就已出现，并且在以后长达千年的时间里一直传承不断。这种碗具体见于谭家岭ⅢT1106⑥:95、M7:10、ⅢT1106④a:32（图三，1、2、6）和油子岭一期。其器形的变化规律是：下腹渐向内收，圈足由粗变细。器表花纹有豆荚纹、点纹、菱形格子纹等，碗底外面都有彩。总的来看，这种彩陶碗无论质地、形式还是花纹，都和屈家岭晚期的非常相似。特别是谭家岭M7:10碗底外的四分直线纹，和屈家岭晚期出的T130:2(1)

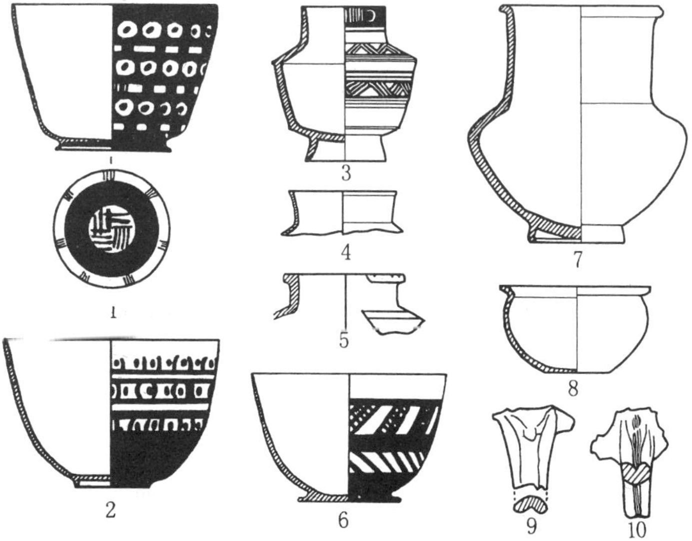

图三　油子岭类型陶器

1、2、6. 碗　3、7. 壶　4、5. 高领罐　8. 盒　9、10. 鼎足

碗底花纹有惊人的相似。值得注意的是，这种四分直线纹还是屈家岭文化彩陶纺轮上最常见的花纹，可见彩陶纺轮的花纹在油子岭类型中也是早有源头的。

彩陶碗在关庙山、阴湘城、毛家山等属于关庙山类型的遗址中也有发现，只是数量远远少于油子岭类型。

（2）陶壶。这是屈家岭文化的典型器物之一，习惯上称壶形器。主要特点是直领，鼓腹，圈足较高，泥质红陶，领、肩、上腹皆绘彩。花纹中有平行直线纹、网格纹、漩涡纹等。在大溪文化时期，壶主要有两类。第一类出于墓葬，如钟祥六合遗址的墓葬中就出土不少。其特点是体量很小，黑色或灰色，均为素面。这类壶可能属于专用明器。第二类出于文化层或灰坑，体量较大，大多为红陶。这类壶按肩腹部特点又可分为两种，一种为鼓腹壶，如屈家岭第一期的 A 型壶（图三，7）即是。另一种为折肩彩陶壶，此种壶在谭家岭发现较多（图三，3）。折肩壶中也有一些不绘彩的，如油子岭一期的 T2②:4（报告图六，8）。这两种壶在器形特征和彩绘风格上，都和屈家岭文化彩陶壶比较接近。第一类壶在汉东和洞庭湖区都有出土，而第二类壶则仅见于汉水东部，第二类壶和屈家岭文化晚期的彩陶壶之间很可能存在着发展演变的关系。

（3）卷边足鼎。鼎是屈家岭文化的主要炊器，形式相当多。有些鼎的足从两边向外包卷，颇具文化特色。这种形态的鼎足，油子岭类型中早有发现（图三，9、10），屈家岭第三次发掘的第二期 T3③:19（报告图九，5）也是，其年代最早的可达 5700 年前。

（4）形式多样的盖纽。屈家岭晚期遗存中，有些盖纽很有特色，如麻花钻头形纽、塔形纽、三足形纽、圈足形纽等。这些形式的纽在谭家岭、油子岭等早于屈家岭文化的遗存中都可以见到。

（5）外卷沿或外折沿盆。在屈家岭文化中，此类盆是很常见的生活用器。类似的盆在油子岭、谭家岭、六合等油子岭类型的遗存中也有，前者当由后者继承而来。

（6）高领罐。这也是屈家岭文化的典型陶器。油子岭类型中，高领罐是数量较多的陶器之一，其口沿多为厚圆唇或尖唇，器身与屈家岭文化的高领罐相似（图三，4、5），两者应有渊源关系。

（7）陶响球。在油子岭类型和屈家岭文化中都有，内装沙粒，表面有小孔，饰篦点纹或划纹，形态基本相同。

以上所举器形及特点，在屈家岭文化中都是有代表性的。这么多的文化因素为两者所共有，充分说明屈家岭文化和油子岭类型之间有着密切的联系，也有力地证明前者是在后者的基础上发展起来的。

2. 油子岭类型向屈家岭文化的过渡

关于油子岭类型向屈家岭文化过渡的方式和过程，目前还无法进行比较深入的研究，这主要是因为油子岭类型的考古资料少而分散，至今尚未建立起独立的分期体系。因此现在只能在油子岭类型和屈家岭类型之间进行一些粗略的比较。

在油子岭类型向屈家岭文化的发展过程中，油子岭类型晚期遗存起到了承上启下的作用。油子岭类型晚期遗存主要有第二次发掘的屈家岭早期遗存和第三次发掘的十三座墓葬，油子岭第二期七座墓葬，钟祥六合第5层及同期十四座墓葬，京山朱家嘴，天门谭家岭第三期等。对此类遗存，研究者说法不一，但在相对年代和发展关系上，大家的看法却是基本一致的，都认为这类遗存早于并直接发展为典型的屈家岭文化。

油子岭类型向屈家岭文化的过渡，比较清楚地反映在陶器的变化上。首先从陶系来看，油子岭类型晚期陶系的一个重要特点就是泥质黑陶特别多。油子岭类型晚期，几乎所有的遗址中，泥质黑陶都占首位。正是因为这个特点，所以有的学者又将这类遗存称为“以黑陶为主的遗存”。油子岭类型晚期黑陶比例大，是当地新石器文化陶系长期演变的结果，到屈家岭类型一期黑陶仍较多，但比例已显著减少，到屈家岭文化二期更进一步减少。在此渐变过程中，其他陶系也都相应地发生了变化。因此，油子岭类型晚期和屈家岭类型的陶系具有一脉相承的发展关系。

其次从器形来看，油子岭类型晚期和屈家岭文化一期之间，变化关系比较清楚。油子岭类型地处大溪文化和仰韶文化之间的狭小地带，在文化因素上，深受南北两种文化的影响，因汉东距离大溪文化的中心较近，所以南方的影响远大于北方。有些学者把油子岭类型纳入大溪文化范畴，正是由于这个原因。这种影响也反映在陶器特点上，油子岭类型晚期陶器包含土著和外来两种因素。土著因素即是前节所说的屈家岭文化因素，而外来因素则主要来自南方大溪文化，如第三次发掘的屈家岭墓葬中，所出的簋、曲腹杯、黑陶小罐、圆腹瓮、圈足盘等器形，便是南方大溪文化影响的结果。这一特点随着油子岭类型向屈家岭文化的过渡而发生了变化。从油子岭类型晚期开始，由于经济文化发展的不平衡性，汉东地区原始文化的发展水平逐渐超越周围地区，成为强势文化。这种发展趋势，到屈家岭文化时期越发明显。强势文化必然导致土著文化因素得到张扬，而使外来文化因素受到抑制。油子岭类型在向屈家岭文化转变的过程中，因受强势文化的推动，陶器中的土著文化因素大部分都得到了继承和发展。例如油子岭类型晚期鼎特别多，在第三次发掘的屈家岭十三座墓葬中，共出土陶器二百零七件，其中仅鼎就有一百零三件。这些鼎形式繁多，基本上都是本地传统器形。在谭家岭和屈家岭等遗址的屈家岭文化遗存中，以上各种鼎不仅几乎都能看到，而且数量也相当多。与此形成明显对比的是，油子岭类型晚期比较多见的外来文化因素却大部分遭到了扬弃。例如在第三次发掘的屈家岭墓葬中，簋、曲腹杯、黑陶小罐、圆腹瓮和圈足盘等，到屈家岭晚期大都成了凤毛麟角，甚至完全消失。总之，从油子岭类型晚期到屈家岭类型一期，陶器器形的变化，既符合汉东历史文化发展的特点，也符合同一系统不同文化之间的演变规律。

在江汉地区与油子岭类型晚期比较相似的遗存，还有黄冈螺蛳山墓葬，武昌放鹰台一、二期墓葬，华容车轱山一、二期墓葬，安乡划城岗中一期墓葬，走马岭一、二期墓葬等。这些遗存可能属于不同的文化或类型。它们和油子岭类型相比有不少近似的特点，如黑陶（包括黑皮陶）比例很大，有些器形相同或相似等。这说明油子岭类型和周围同时期的文化遗存之间发生过密切的交流，对此类遗存的性质、特点及其与屈家岭文化的关系等问题，尚需进行深入的研究。

注　释

［1］中国科学院考古研究所编著《京山屈家岭》72页，科学出版社1965年版。
［2］何介钧《长江中游原始文化初论》，《湖南考古辑刊》第1辑。
［3］向绪成《屈家岭遗址下层及同类遗存文化性质讨论》，《考古》1985年第7期。
［4］陈文《屈家岭文化的界定与分期》，《考古》2001年第4期。
［5］屈家岭遗址考古队《屈家岭遗址第三次发掘》，《考古学报》1992年第1期。
［6］林邦存《屈家岭遗址与屈家岭文化的分期》，《中国文物报》1994年第2期。
［7］林邦存《关于屈家岭文化区、系、类型问题的初步分析》，《江汉考古》1997年第1期。
［8］宿白主编《中华人民共和国重大考古发现》49页，文物出版社1999年版。
［9］陈振裕、杨权喜《湖北宜都城背溪遗址》，《史前研究》1989年辑刊。
［10］陈振裕、杨权喜《宜都花庙堤等四处新石器时代早期遗址》，《中国考古学年鉴·1985》，文物出版社1985年版。
［11］陈振裕、杨权喜《宜都县枝城北新石器时代早期遗址》，《中国考古学年鉴·1985》，文物出版社1985年版。
［12］陈振裕、杨权喜《枝江县青龙山新石器时代早期遗址》，《中国考古学年鉴·1985》，文物出版社1985年版。
［13］国家文物局三峡考古队《湖北秭归朝天嘴遗址发掘简报》，《文物》1989年

第 2 期。
[14] 湖南省文物考古研究所等《湖南澧县彭头山新石器时代早期遗址发掘简报》，《文物》1990 年第 8 期。
[15] 湖南省博物馆《湖南石门皂市下层新石器遗址》，《考古》1986 年第 1 期。
[16] 湖南省文物考古研究所《湖南省澧县梦溪八十垱新石器时代早期遗址发掘简报》，《文物》1996 年第 12 期。
[17] 湖南省文物考古研究所《湖南澧县新石器时代早期遗址调查报告》，《考古》1989 年第 10 期。
[18] 湖南省文物考古研究所《湖南临澧县胡家屋场新石器时代遗址》，《考古学报》1993 年第 2 期。
[19] 岳阳市文物工作队《钱粮湖坟山堡新石器时代遗址试掘简报》，《湖南考古辑刊》第 6 辑。
[20] 严文明《中国史前稻作农业遗存的新发现》，《江汉考古》1990 年第 3 期。
[21] 黄纲正《长沙大塘新石器时代遗址》，《中国考古学年鉴·1986》，文物出版社 1988 年版。
[22] 郭胜斌、罗仁林《附山园—黄山园遗址的考古发现与初步研究》，《长江中游史前文化暨第二届亚洲文明学术讨论会论文集》，岳麓书社 1996 年版。
[23] 湖南省文物考古研究所《湖南黔阳高庙遗址发掘简报》，《文物》2000 年第 4 期。
[24] 何介钧《湖南早期新石器时代文化遗存》，《湖南先秦考古学研究》，岳麓书社 1996 年版。
[25] 湖南省文物考古研究所实验室《湖南澧县彭头山遗址孢粉分析与古环境探讨》，《文物》1990 年第 8 期。
[26] 张文绪、裴安平《澧县梦溪八十垱出土稻谷的研究》，《文物》1997 年第 1 期。
[27] 四川省长江流域文物保护委员会文物考古队《四川巫山大溪新石器时代遗址发掘纪略》，《文物》1961 年第 11 期。四川省博物馆《巫山大溪遗址第三次发掘》，《考古学报》1981 年第 4 期。
[28] 杨锡璋《长江中游湖北地区考古调查》，《考古》1960 年第 10 期。
[29] 红花套考古发掘队《红花套遗址发掘简报》，《史前研究》1990～1991 年合订本。
[30] 荆州地区博物馆《湖北松滋桂花树新石器时代遗址发掘简报》，《考古》1976 年第 3 期。

［31］中国社会科学院考古研究所湖北队《湖北枝江关庙山新石器时代遗址发掘简报》，《考古》1981 年第 4 期；《湖北枝江关庙山遗址第二次发掘》，《考古》1983 年第 1 期。
［32］湖北省博物馆《宜昌伍相庙新石器时代遗址发掘》，《江汉考古》1988 年第 1 期。
［33］宜昌地区博物馆等《湖北省宜昌县清水滩遗址的发掘》，《考古与文物》1983 年第 2 期。武汉大学考古专业《清水滩遗址 1984 年发掘简报》，《江汉考古》1988 年第 3 期。
［34］宜昌地区博物馆等《宜昌中堡岛新石器时代遗址》，《考古学报》1981 年第 1 期。
［35］湖北省文物考古研究所《长江三峡坝区白狮湾遗址发掘简报》，《江汉考古》1999 年第 1 期。
［36］宜昌地区博物馆《宜昌杨家湾新石器时代遗址》，《江汉考古》1984 年第 4 期。
［37］湖北省博物馆《秭归龚家大沟遗址的调查与试掘》，《江汉考古》1984 年第 1 期。
［38］纪南城文物考古发掘队《江陵毛家山发掘记》，《考古》1977 年第 3 期。
［39］湖北省文物考古研究所《湖北江陵朱家台遗址发掘简报》，《江汉考古》1991 年第 3 期；《湖北江陵朱家台遗址 1991 年的发掘》，《考古学报》1996 年第 4 期。
［40］荆州博物馆等《湖北荆州市阴湘城遗址东城墙发掘简报》，《考古》1997 年第 5 期。荆州博物馆《湖北荆州市阴湘城遗址 1995 年发掘简报》，《考古》1998 年第 1 期。
［41］湖南省博物馆《澧县梦溪三元宫遗址》，《考古学报》1979 年第 4 期。
［42］单先进、曹传松《澧县城头山屈家岭文化城址被确认》，《中国文物报》1992 年 3 月 15 日。湖南省文物考古研究所等《澧县城头山屈家岭文化城址调查与试掘》，《文物》1993 年第 12 期。湖南省文物考古研究所《澧县城头山古城址 1997～1998 年度发掘简报》，《文物》1999 年第 6 期。
［43］荆州博物馆等《湖北石首市走马岭新石器时代遗址发掘简报》，《考古》1998 年第 4 期。
［44］荆州地区博物馆《湖北王家岗新石器时代遗址》，《考古学报》1984 年第 2 期。
［45］湖南省博物馆《湖南安乡划城岗新石器时代遗址》，《考古学报》1983 年第

4 期。
[46] 岳阳地区文物工作队《华容车轱山新石器时代遗址第一次发掘简报》,《湖南考古辑刊》第 3 辑。
[47] 何介钧《长江中游原始文化初论》,《湖南考古辑刊》第 1 辑。
[48] 林向《大溪文化与巫山大溪遗址》,《中国考古学会第二次年会论文集》,文物出版社 1980 年版。王杰《试论湖南大溪文化》,《考古》1990 年第 3 期。孟华平《论大溪文化》,《考古学报》1992 年第 4 期;《长江中游史前文化结构》114 页,长江文艺出版社 1996 年版。
[49] 荆州博物馆《湖北京山油子岭新石器时代遗址的试掘》,《考古》1994 年第 10 期。
[50] 湖北省文物管理委员会《湖北京山朱家嘴新石器时代遗址第一次发掘》,《考古》1964 年第 5 期。
[51] 屈家岭考古队《屈家岭遗址第三次发掘》,《考古学报》1992 年第 1 期。
[52] 张绪球《长江中游新石器时代文化概论》109～111 页,湖北科技出版社 1992 年版。
[53] 石河考古队《湖北省石河遗址群 1987 年发掘简报》,《文物》1990 年第 8 期。
[54] 张绪球《长江中游新石器时代文化概论》107 页,湖北科技出版社 1992 年版。
[55] 荆州地区博物馆等《钟祥六合遗址》,《江汉考古》1987 年第 2 期。
[56] 张绪球《汉水东部地区新石器时代文化初论》,《考古与文物》1987 年第 4 期。
[57] 沈强华《油子岭一期遗存试析》,《考古》1998 年第 9 期。
[58] 何介钧《试论大溪文化》,《中国考古学会第二次年会论文集》,文物出版社 1980 年版。
[59] 李文杰《大溪文化的类型和分期》,《考古学报》1986 年第 2 期。
[60] 向绪成《从关庙山遗址看大溪文化——兼评目前大溪文化的分期》,《江汉考古》1983 年第 3 期。
[61] 同 [59]。
[62] 湖南省文物考古研究所编《湖南考古漫步》24～25 页,湖南美术出版社 1999 年版。
[63] 湖南省博物馆《湖南安乡汤家岗新石器时代遗址》,《考古》1979 年第 2 期。
[64] 中国科学院考古研究所湖北发掘队《湖北黄冈螺蛳山遗址的探掘》,《考古》

1962 年第 7 期。湖北省黄冈地区博物馆《湖北黄冈螺蛳山遗址墓葬》，《考古学报》1987 年第 3 期。
[65] 李文杰《试论大溪文化与屈家岭文化、仰韶文化的关系》，《考古》1979 年第 2 期。
[66] 向绪成《浅议大溪文化与屈家岭文化的关系——与张之恒同志商榷》，《江汉考古》1983 年第 1 期。
[67] 王劲《江汉地区新石器文化综论》，《江汉考古》1980 年第 1 期。
[68] 张之恒《试论大溪文化》，《江汉考古》1982 年第 1 期。
[69] 同 [57]。
[70] 同 [6]、[7]。
[71] 郑杰祥《屈家岭文化渊源试探》，《楚文化研究论文集》194～205 页，河南人民出版社 1983 年版。
[72] 河南省文物研究所《淅川下王岗》，文物出版社 1989 年版。

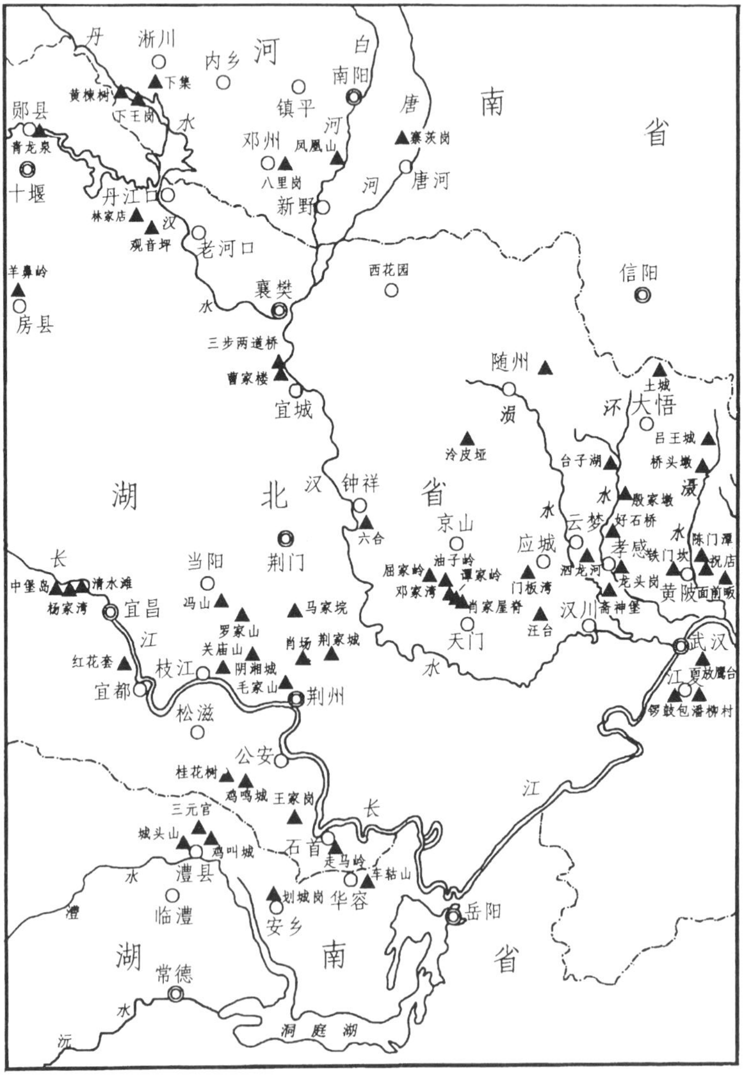

图四 屈家岭文化遗址分布图

子岭[4]，天门市邓家湾[5]、肖家屋脊[6]、谭家岭[7]、罗家柏岭[8]、张家山[9]，钟祥市六合[10]，应城市门板湾[11]、泗龙河[12]，安陆县胡家山[13]、余家岗[14]、夏家寨[15]、王古溜[16]。这些遗址中经过发掘的有九处。重点介绍如下：

屈家岭遗址：位于湖北省京山县县城西南28公里处的屈家岭村。遗址的东、南、北三面是海拔40～50米的或聚或散的小丘陵，西南地势较低平。遗址的东面是青木挡河，西面是其支流青木河，水源很丰富。两条小河自遗址北部从东、西两面环绕而南，在遗址南端会合。两河之间的地形为不规则的椭圆形岗地，遗址的总面积在50万平方米以上。在遗址东面，隔河自北向南还分布着殷家岭、钟家岭、冢子坝三个屈家岭文化小遗址，它们与屈家岭遗址形成一个紧密的遗址群（图五）。

屈家岭遗址前后进行过三次发掘。第一、二次发掘的情况，前言部分已经提到。第三次发掘属于抢救性质，发掘面积87.5平方米，有三期文化堆积。第一、二期未发现重要遗迹，第一期陶器以夹炭红陶为主，其次是泥质灰陶和黑陶；第二期由第一期直接发展而来，红陶比例下降，黑陶和灰陶比例上升。第三期遗存包括十三座土坑竖穴墓，共出陶器二百零七件，陶色以黑、黑灰为主，器形主要有鼎、簋形器、曲腹杯等。

在年代上，第三次发掘的第一期相当于大溪文化第二期，第二期相当于大溪文化第三期，第三期相当于大溪文化第四期，但发掘者认为以上三期都属于屈家岭文化的范畴。

油子岭遗址：在京山县县城之北约25公里处。1985年荆州博物馆与京山县博物馆在遗址边缘开5×5米的探方四个，共清理灰坑四个、墓葬十一座。遗存分为三期。第一期发现灰坑一个、墓葬四座。特点是：陶系以泥质红陶为主，其次

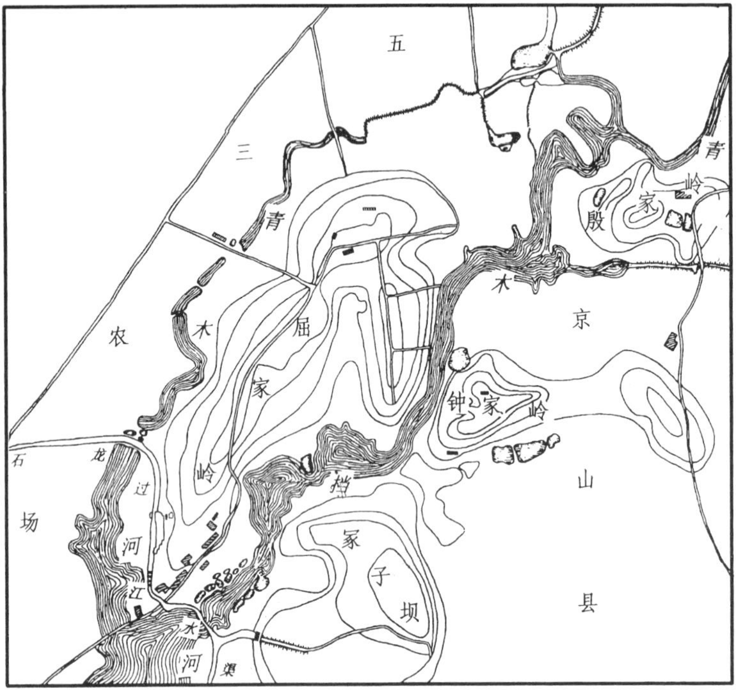

图五　屈家岭遗址地形图

是黑陶与灰陶。纹饰有镂孔、弦纹、按窝纹和戳点纹等，以戳点纹最具特色，还发现少量蛋壳彩陶。器形主要有鼎、釜、圈足罐、豆、盘、盆等。蛋壳彩陶杯和碗不多，但很有特色。第二期遗存有七座墓葬。陶系以泥质黑陶为主，还有少量灰陶，纹饰有弦纹和镂孔，器形有鼎、罐、豆、器盖等。油子岭一、二期是汉水东部有代表性的新石器时代晚期遗存，油子岭类型即由此而命名。对其文化性质，考古界虽存有不同看法，但大都认为，此类遗存是屈家岭文化的直接渊源。第三期属屈家岭文化，有灰坑三座。陶系中泥质黑陶、泥质灰陶和泥质红陶的比例相近，主要纹饰有镂孔、弦纹，并有少量彩陶，纹样多为网格纹和横带纹，主要器形有鼎、双腹碗、壶形器、杯、器盖等，同时出土了彩陶纺轮。

邓家湾遗址：是石家河遗址群的重要遗址之一，位于天门市石河镇北约2.5公里处，东南距天门市区约18公里。遗址在大洪山脉的山前地带，面积约6万平方米。1979年，荆州博物馆在遗址西侧试掘了一条探沟。1987年春季，荆州博物馆和北京大学考古学系在此进行发掘，发掘面积300平方米，清理墓葬十五座、瓮棺葬二座、灰坑二十九个。1987年秋冬，北京大学考古学系、湖北省博物馆、荆州博物馆联合组成石家河考古队，对石家河遗址群进行有计划的发掘，在邓家湾揭露面积900平方米，共清理土坑墓六十座、瓮棺葬十一座、房基二座、灰坑七十一个，另有四五处以多节陶缸或陶筒管形器套接在一起的遗迹现象。1992年4至6月，石家河考古队在遗址西侧又进行了一次发掘，发掘面积400平方米，清理土坑墓二十九座、瓮棺葬二十五座、灰坑十四个、建筑遗迹五处，并解剖了一段城墙。发掘资料表明，遗址地层堆积复杂，分属屈家岭文化和石家河文化。1987年秋季发掘的简报将屈家岭文化和石家河文化遗存各分为两期。1992年发掘的简报则将当年的资料统一分为五期，第一、二期属屈家岭文化，第三期属屈家岭文化向石家河文化的过渡期，第四、五期属石家河文化。

肖家屋脊遗址：是石家河遗址群中的重要遗址之一，位于天门市城区西北约16公里处，南距石河镇0.5公里，遗址原有面积约15万平方米。1987年至1991年石家河考古队在此发掘九次，累计发掘面积6710平方米。据《肖家屋脊》发掘报告分期，肖家屋脊遗址新石器时代遗存包括屈家岭文化和石家河文化两大部分。屈家岭文化遗存分为两期，第一期有房基一座、灰坑二个，出土陶器较多。第二期有房基六座、灰坑三十一个、土坑墓三十七座、瓮棺葬五座。石家河文化遗存也分为两期。早期有房基六座、灰坑四百零九个、灰沟二十二条、道路一条、土井一座、陶窑二座、陶缸遗迹七处、土坑墓二十三座和瓮棺葬九座。晚期有房基一座、灰坑九十个、灰沟一条、水塘一口、道路二条和瓮棺葬七十七座。该遗址从屈家岭文化一期到石家河文化早期，具有连续不间断的发展关系，为研究屈家岭文化向石家河文化的发展过程，提供了重要的资料。

谭家岭遗址：位于天门市石家河遗址群的中心区。石家河遗址群形成于屈家岭文化时期，此时该聚落群至少已包括十个聚落，谭家岭是其中的主要聚落之一。1982 年，湖北省博物馆在谭家岭进行过试掘。1987 年秋冬，石家河考古队又在此进行发掘，发掘面积 275 平方米，发掘墓葬二十三座、瓮棺葬八座、房基六座、灰坑和烧土坑三十个，主要收获是取得了诸考古学文化遗存直接叠压的资料。据考古发掘简报分期，该遗址的屈家岭文化遗存可分为两期，屈家岭文化之下，尚有三期较早的遗存，属于油子岭类型；屈家岭文化之上，则叠压着两期石家河文化遗存。

门板湾遗址：位于应城市城区西南 3 公里的星光村，遗址所在位置处于大洪山余脉向江汉平原的过渡地带。东、南、北三面有古河道环绕，遗址南北的最大长度为 1600 米，东西宽度不等，总面积达 110 万平方米。遗址周围还有若干从属性的小型聚落遗址。1998 年湖北省文物考古研究所为配合长（江埠）荆（门）铁路建设工程，对该遗址进行了勘探和发掘，发掘面积800平方米。2000年上半年再次进行了发掘。遗址的文化堆积以屈家岭文化为主，共包括三个时期。第一个时期属油子岭类型，陶器以红陶为主。第二个时期属屈家岭文化，其重要发现是在遗址中心部位确认古城址一处。在西城垣下，又发现若干座保存较好的房址。第三个时期属石家河文化。

（二）鄂西北及鄂北地区

鄂西北及鄂北地区主要包括今十堰市和襄樊市管辖的范围。十堰市的地形以山地为主，境内有武当山及秦岭、大巴山的余脉，汉水横贯东西。新石器时代文化遗址主要分布在汉水干流及其支流的沿岸，境内的屈家岭文化遗址主要有：郧县青龙泉、大寺[17]、梅子园[18]、郭家道子[19]、郭家垸[20]、康家湾[21]、庹家洲[22]，丹江口市（原均县）林家店[23]、观音坪[24]，房县羊鼻岭[25]，竹山县霍山[26]等。襄樊市境内的地形以丘陵和平原为主。屈家岭文化遗址主要有：随州市冷皮垭[27]、西花园[28]，襄阳县三步两道桥[29]，宜城市曹家楼[30]等。这里介绍几处发掘面积较大的遗址：

青龙泉遗址：位于郧县城东5公里，南距汉水190米，遗址为一东西向的条形岗地。中国社会科学院考古研究所从1959年10月到1962年5月在这里进行过五次发掘，发掘总面积1144平方米。发掘报告将遗存分为三期。第一期为仰韶文化；第二期为屈家岭文化，这一期又分为早晚两期，其早期相当于肖家屋脊屈家岭文化一期，晚期相当于肖家屋脊屈家岭文化二期；第三期为青龙泉三期文化（即石家河文化）。屈家岭文化早期的遗迹有保存比较完整的房址一座，灰坑一个；屈家岭文化晚期的遗迹有房址三座，灰坑三个，陶窑二座，成人土坑墓六座，儿童瓮棺葬七座；青龙泉三期文化发现灰坑七座，成人土坑墓二十六座，瓮棺葬七座。

大寺遗址：位于郧县城西约10公里处，坐落在汉江与埝河交汇处的二级阶地上，高出河床12～13米，遗址面积约5000平方米。中国社会科学院考古研究所于1959年12月至1964年4月在此发掘五次，共计开探方三十二个，发掘面积345平方米。新石器时代文化堆积以仰韶文化和龙山文化遗存为主，屈家岭文化遗存次之。共发现仰韶文化灰坑六个、墓葬十座，屈家岭文化灰坑三个、墓葬一座，龙山文化灰坑十八个、墓葬三座。

西花园遗址：位于随州市淅河乡西花村的北面，西南距随州市区约20公里，遗址是在一条南北向长条形的岗地上，面积10万平方米以上。1983年武汉大学历史系考古教研室等单位在此进行了发掘，发掘面积500多平方米。文化遗存分为三个时期，分别属于屈家岭文化、石家河文化和东周文化，以石家河文化为主。屈家岭文化遗存中有房基五座，灰坑一座，土坑墓二座，瓮棺葬六座。石家河文化遗存分早、中、晚三期，早期发现房基二座、灰坑四个、土坑墓一座、瓮棺葬八座，中期发现灰坑六座、土坑墓三十座，晚期发现灰坑二座、墓葬三座。

曹家楼遗址：位于宜城市西北11公里的小河乡詹营村，地处江汉平原西北部。遗址是在一条南北向的岗地上，面积2万多平方米，1984年武汉大学、襄樊市博物馆和宜城县博物馆等单位在此进行了发掘，发掘面积600平方米。发掘报告将遗存分为两期：第一期早于屈家岭文化，发现残房基一座、灰坑十五个、土坑墓八座；第二期为屈家岭文化遗存，发现瓮棺葬十二座。

（三）鄂东及鄂东北地区

在鄂东北地区，屈家岭文化遗址主要分布在涢水和滠水之间，地属孝感市和武汉市管辖。从80年代初期湖北省开展文物普查工作以来，在以上范围内发现了相当多的屈家岭文化遗址，代表性的有：云梦县好石桥[31]、斋神堡[32]，大梧县土城[33]、吕王城[34]、桥头墩[35]，武汉市武昌区放鹰台[36]，黄陂区（原黄陂县）陈门潭[37]、铁门坎[38]、祝家店[39]、面前畈[40]，江夏区（原武昌县）潘柳村[41]、锣鼓包[42]，汉川县汪台[43]，孝感市回龙寺[44]、龙头岗[45]、台子湖[46]、殷家墩[47]。以上遗址大都只作过一般性的地面调查，仅有少数遗址作过断面解剖或试掘。从调查及试掘的资料看，该地区中部、北部和西部的屈家岭文化遗存，与江汉平原中北部的遗存有较多共性。如好石桥、斋神堡、吕王城、土城等遗址，屈家岭文化层中所出的双腹碗、薄胎喇叭形小杯、高圈足杯、深腹盆、深腹小平底缸、彩陶纺轮等典型器形，与天门、京山、应城等地所出的同类器形特征相同。在文化发展方向上，好石桥、土城、斋神堡遗址中也都出有石家河文化的器形。虽然在以上遗址的调查资料中尚未见到早于屈家岭文化的器物，但在同一区位其他一些早于屈家岭文化的遗存中，与江汉平原中北部原始文化的共性也是存在的。如云梦胡家岗遗址中[48]，既包含有仰韶文化的因素，又有大溪文化的因素，而类似的遗存也同样见于钟祥边畈等遗址。

屈家岭文化时期，该地区的南部和东部受鄂东、江西原始文化的影响较大。例如潘柳村遗址所出双腹豆、高领罐等器形，都属于屈家岭文化，而有段石锛及截面为菱形的箭镞较多，则是受江西山背文化、筑卫城文化等原始文化的影响，故发掘报告认为，“潘柳村遗址的文化面貌是以屈家岭晚期文化为主，并融会了江西地区山背文化、筑卫城文化的部分因素”。

（四）江汉平原南部和鄂西南地区

这一区域大体包括长江干流两岸及以南的部分地区，分别属荆州市、宜昌市和荆门市管辖，西部为长江三峡，东部为江汉平原。该区域经济比较发达，工农业及水利基本建设较多，故调查及发掘的屈家岭文化遗址也相应多一些。据调查，仅宜昌市范围内，就已发现二十九处屈家岭文化遗址[49]。代表性的有：荆州市荆州区阴湘城[50]、毛家山[51]，石首市走马岭[52]，松滋市桂花树[53]，公安县王家岗[54]、鸡鸣城[55]，荆门市荆家城[56]、马家垸[57]、肖场[58]，枝江市关庙山[59]、雨山坡[60]，宜都市红花套[61]，当阳市冯山[62]、罗家山[63]，宜昌县中堡岛[64]、清水滩[65]、杨家湾[66]。以上遗址大部分经过发掘。发掘面积较大、屈家岭文化遗存较丰富的遗址主要有阴湘城、走马岭、关庙山、中堡岛等。介绍如下：

阴湘城遗址：位于荆州市荆州区马山镇。遗址处于沮漳河下游岗地与平原的过渡地带，现存面积约 20 万平方米。1991 年秋，为配合荆江大堤的加固工程，荆州博物馆对城址的东垣进行了解剖。1995 年至 1996 年，荆州博物馆和日本福冈市教育委员会联合组成考古队，对该遗址进行全面的调查和测绘，同时进行了重点发掘。1998 年和 2000 年，荆州博物馆又对该遗址进行了两次发掘，发掘总面积累计近 2000 平方米。主要收获是：（1）弄清了遗址的地层堆积情况。遗址包含了新石器时代、西周、东周等不同时期的堆积，以新石器时代遗存为主。新石器时代堆积自下而上分属大溪文化、屈家岭文化和石家河文化。（2）在遗址的东侧和西侧均发现有大溪文化的壕沟。到屈家岭文化时期，大溪文化的壕沟被淤塞填平，在原壕沟之外围绕聚落堆筑城垣，在城垣之外另开壕沟。（3）在城址内发现多座大溪文化和屈家岭文化的房址，在房基周围的灰坑中发现大量炭化稻米。

走马岭遗址：位于石首市焦山河乡走马岭村，北距长江约4公里，东南面为丘陵岗地，西面与上津湖相接，遗址处于丘陵向平原过渡的地带，是1989年当地砖厂取土时发现的，1990年至1991年，荆州博物馆在此发掘四次，累计发掘面积1200平方米，共发现房址四座、陶窑二座、灰坑一百零九座、墓葬十九座。该遗址包含了大溪文化、屈家岭文化和石家河文化三种文化的堆积。发掘简报将其分为六期，屈家岭文化遗存是主要部分。1992年，荆州博物馆进行了第五次发掘，资料未发表。发掘确认，走马岭遗址是屈家岭文化的一处城址，面积约7.8万平方米。

关庙山遗址：位于枝江市城区东北11.5公里处，南距长江8公里，地处鄂西山地向江汉平原的过渡地带。1975年，宜昌地区展览馆在此进行了调查与试掘。中国社会科学院考古研究所湖北队从1978年至1980年在此进行过两次发掘，发掘面积1269平方米。该遗址以大溪文化遗存为主，文化堆积厚，延续年代长，遗物丰富。屈家岭文化遗存叠压于大溪文化层之上，主要遗迹现象有房址、红烧土面、瓮棺葬和灰坑等。瓮棺葬集中发现于遗址的东南和西南边缘，有近百座。主要葬具为圜底罐，口部反扣一件盆或鼎、钵、碗等，个别瓮棺中可辨认有小孩的骨骸。文化层中陶器出土较多。陶质主要有泥质黑陶、泥质灰陶、泥质橙黄陶。典型器物有朱绘黑陶碗、蛋壳彩陶杯、双腹碗、双腹豆、深腹圈足杯、壶形器、盂形器、大口圜底缸、彩陶纺轮等。屈家岭文化层之上有石家河文化层，发掘简报称为青龙泉三期文化遗存，堆积较薄，遗迹有灰坑和墓葬。出土陶器较少，主要器物有厚胎喇叭形杯、高柄杯、折沿或卷沿深腹盆、扁平双凸棱足鼎等。

中堡岛遗址：位于长江西陵峡中段，东距宜昌市约 45 公里，是长江三峡大坝坝址所在地。遗址发现于 50 年代末，中国科学院考古研究所、湖北省博物馆等单位曾进行过多次复查。为配合水利工程，1979 年上半年，宜昌地区博物馆与四川大学合作进行了第一次发掘。1985 年至 1986 年，国家文物局组织宜昌地区博物馆及部分省市及大学的专业人员，进行了第二次发掘。1993 年，宜昌市博物馆进行了第三次发掘。中堡岛遗址的地层堆积情况是：下层是大溪文化遗存，第一次发掘报告将其分为四期，屈家岭文化层直接叠压于大溪文化层之上，其最重要的遗迹现象是在遗址中区约 80 平方米的范围内，发现二十三个器物坑。坑内共出土器物一千余件，有陶器、石器和玉器等。陶器以高圈足杯为大宗，次为双腹豆、双腹碗、盂形器、壶形器、喇叭形杯、细颈壶、簋、纺轮等。屈家岭文化层之上，叠压着夏商时期的文化遗存。

（五）湖南省境内

湖南省境内的屈家岭文化遗址主要分布在洞庭湖地区，特别是澧水及沅江的下游，这里大部分属沉积平原，也有一些岗状平原，地形与江汉平原南部相似。到屈家岭文化时期，这里的原始文化面貌与江汉地区已融为一体。据《中国文物地图集·湖南分册》所列文物单位及有关资料统计，湖南史前遗址中，含有屈家岭文化遗存的遗址共有约七十处，其中常德市澧县、临澧县、安乡县、汉寿市、津市市、武陵区、鼎城区有五十六处，岳阳市岳阳县、华容县有十三处，另外，在怀化市也发现一处[67]。由于湖南考古界对屈家岭文化上限的划分偏早，这些遗存中有些可能早于屈家岭文化。代表性的遗址主要有：澧县城头山[68]、三元宫[69]、鸡叫城[70]，安乡县划城岗[71]，华容县车轱山[72]，怀化市高坎垅[73]等。介绍如下：

城头山遗址：位于澧县县城西北约 12 公里处，属车溪乡南岳村。遗址地处洞庭湖西北岸及澧阳平原的中心地区，与江汉平原连成一片，面积约 8 万平方米。遗址是澧县文物管理所于 1979 年调查时发现的。1991 年至 1998 年，湖南省文物考古研究所对它进行了八次发掘，共揭露面积 4000 多平方米。大致经过和主要收获是：1991 年解剖了西南城墙，确认地面现存城墙属屈家岭文化遗存。1992 年在东城墙内发掘 400 平方米，揭露了从大溪文化至石家河文化的一批房基，清理了数十座大溪文化的屈肢葬和瓮棺葬墓。1993 年解剖了东城墙和南城墙，发现城墙外坡下有大溪文化的环壕。1994 年在城内西北部 400 平方米范围内发现了从大溪文化晚期到屈家岭文化的墓葬区，在城中心偏东 400 平方米的范围内揭露了一处包括多座陶窑、多条取土坑道、众多水坑、泥坑以及工棚的大溪文化制陶作坊区。在偏西南，揭露了 400 平方米的居住区，清理了两座屈家岭文化有夯土台基的房址。在南城墙下叠压的大溪文化壕沟堆积中，发现了炭化稻谷、数十种植物籽实、竹和芦苇的编织物、木质船桨、船艄等。1995 年继续发掘屈家岭文化墓葬区，连同 1994 年的发掘，共清理约五百座墓葬。1996 年至 1997 年初，将西南城墙探沟连通，发现了四期城墙直接叠压的地层关系。在东城墙解剖中，也发现了与西南城墙对应的地层关系，并小面积地揭露出压在早期城墙下的古稻田。1997 年大面积揭露古稻田。1998 年揭露祭坛遗迹。城头山的发掘于 1992 年和 1997 年两次被评为当年度全国十大考古发现。1999 年和 2000 年，湖南省文物考古研究所与日本国际文化研究中心合作，继续对城头山遗址进行发掘，其资料有待发表。

三元宫遗址：位于澧县梦溪乡三元村，距县城 16 公里。遗址所在地在远古时为丘陵伸入大湖的平缓岗地，以后湖面逐渐淤塞，与沉积平原连成一体。遗址面积约 2 万平方米，1966 年发现，1967 年湖南省博物馆作过试掘，1974 年湖南省博物馆等正式进行发掘，发掘面积 296 平方米。发掘报告将文化遗存分为早、中、晚三期。早中期属大溪文化，晚期属屈家岭文化，这是洞庭湖地区第一次发现和确认屈家岭文化遗存。遗址中发现墓葬二十三座，大部分属于晚期，少数属于中期。

划城岗遗址：位于安乡县城北约 9 公里处。遗址在高出周围地面 3～4 米的岗地上，面积约 4 万平方公里，1979 年发现。湖南省博物馆于 1980 年进行发掘，发掘面积 200 平方米，发现不同时期的墓葬一百一十五座、房址二座、窑址一座。发掘报告将全部资料分为早、中、晚三期，认为早期属于大溪文化。中期细分为中一和中二期，中一期有墓葬九十一座，发掘者认为属屈家岭文化早期的一种地方类型，实际上仍属于大溪文化；中二期代表性的遗存有墓葬五座，陶器有高圈足杯、双腹豆、薄胎彩陶杯、高领罐等，属屈家岭文化。晚期文化遗存中出现了鬶、厚胎喇叭形杯和大圈足盘等，报告认为这一期属湖北龙山文化，亦即石家河文化。

车轱山遗址：位于华容县城东 15 公里处。遗址为一高出周围农田 3～5 米的岗地，现存面积 1 万多平方米，1969 年发现，1982 年冬岳阳地区文物队进行了第一次发掘，发掘面积 100 平方米，清理墓葬一百二十九座。1983 年湖南省博物馆再次进行了发掘，两次发掘累计清理墓葬三百八十一座，分属于大溪文化和屈家岭文化。

高坎垅遗址：位于怀化县新建乡牛眠口村小沙河南岸的二级台地上，西距怀化市区 25 公里，其东 10 公里即为沅水主流。1983 年怀化地区文物工作队进行过调查和试掘，清理墓葬四座。1984 年湖南省博物馆进行正式发掘，揭露面积 680 平方米。遗址的地层堆积有四层，第 3、4 层为新石器时代堆积，第 3 层出土屈家岭文化的高领罐、高圈足双腹豆、外翻沿碗等，第 4 层出土大溪文化晚期的曲腹杯、簋形器等。发掘的主要收获是发现了四十八座墓葬，发掘报告将其分为三期。报告认为第一期墓与车轱山第二期相当，属屈家岭文化早期；第二期墓与车轱山第三期墓相近，属屈家岭文化中期；第三期墓与划城岗中二期地层以及车轱山第四期墓近似，属屈家岭文化晚期。报告关于第三期墓性质及年代的看法基本上是可以成立的，但对于第一期和第二期墓性质的结论则有待商榷，因为这两期中基本没有屈家岭文化的典型器形。第三期陶器的主要特点是，陶系以泥质灰陶为主，绝大多数陶器都是素面。纹饰中以弦纹为主，多饰于瓮、罐类的肩腹部，其次是镂孔，常饰于豆、碗、杯的圈足。彩陶很少，纹样有直线纹和波浪纹等，饰于壶形器的肩腹部。陶器器形可以分为甲、乙两组，甲组主要有壶形器、双腹豆、高领罐（瓮）等，形态特点与屈家岭类型的基本相同；乙组主要有直腹圈足杯、宽沿釜、喇叭口矮圈足壶、喇叭形曲腹杯等，这组陶器是本地一、二两期陶器演变和延续的结果。

高坎垅遗址地处沅水上游，是迄今发现的最南端的一处屈家岭文化遗存，因此文化因素比较复杂。它一方面有较多的屈家岭文化典型器形，另一方面又有本地传统的文化因素以及洞庭湖北部大溪文化的因素。这后两种因素在高坎垅一、二两期墓葬中占据着主流地位，直到第三期，由于屈家岭文化的南下，这种局面才大大改观，但屈家岭文化到这里已是强弩之末，不可能完全取代当地原有的文化了。

（六）河南省境内

河南境内的屈家岭文化是从50年代起逐渐发现的。60年代和70年代初，考古工作者为配合丹江口水库建设，进行了大规模的考古调查和发掘，发现了丰富的屈家岭文化遗存。据《中国文物地图集·河南分册》统计，至1991年，在河南境内已发现屈家岭文化遗址一百四十处[74]。从有关调查资料看，这其中有一小部分可能晚到石家河文化早期，即便如此，屈家岭文化遗址的数量也是惊人的。

屈家岭文化遗址主要分布在豫西南的南阳地区，南面和江汉平原的屈家岭文化连成一片，北面以伏牛山、方山为界，东南则在信阳地区也有发现[75]。代表性的遗址主要有：淅川下王岗[76]、黄楝树[77]、下集[78]，邓州八里岗[79]，新野凤凰山[80]，唐河寨茨岗[81]，南阳黄山[82]。重点介绍如下：

黄楝树遗址：位于距淅川县新县城45公里的滔河乡黄岭河与丹江交汇处，面积14万平方米。长江流域规划办公室考古队河南分队于1965年至1966年对该遗址进行了发掘，发掘总面积980平方米，地层堆积自下而上依次为仰韶文化、屈家岭文化、石家河文化。屈家岭文化遗存中，发现房基二十五座、竖穴土坑墓十八座、瓮棺葬二十座、灰坑十八个。

下王岗遗址：位于距淅川县上集35公里的宋湾乡下王岗村。遗址地处河旁台地，东、北、南三面临丹江，现存面积约6000平方米。河南省博物馆等于1971年进行了发掘，发掘面积700平方米，资料见《河南淅川下王岗遗址的试掘》一文；1972年至1974年继续发掘，前后四年累计发掘总面积2309平方米，文化层堆积厚达2～4米，共清理房基四十七座、陶窑五个、灰坑三百四十八个、墓葬六百八十九座、各期遗物七千二百五十四件。发掘报告认为，下王岗遗址从早到晚有五种文化遗存，总共分为九期。其中仰韶文化三期、屈家岭文化二期、龙山文化一期、二里头文化二期、西周文化一期、下王岗屈家岭文化一期遗存只发现二十个灰坑、三座土坑墓和三座瓮棺葬，文化层也很薄，说明当时居民在此居住的时间不长。屈家岭文化一期陶器以泥质灰陶和泥质黑陶为主，器表多素面，少数饰弦纹。典型器形有双腹碗、双腹豆、薄胎喇叭形杯、高圈足杯、高领彩陶壶、彩陶纺轮等，这些器形与屈家岭晚期及青龙泉二期所出同类器基本相同。发掘报告所定的下王岗屈家岭文化二期是由前一期直接发展而来，典型陶器有橄榄形罐、漏斗形澄滤器、短颈瘦袋足鬶、平底钵、厚胎喇叭形杯、宽扁足罐形鼎等，这些器形与石家河文化及青龙泉三期所出同类器相同。根据长江中游新石器时代考古学文化的定名，下王岗屈家岭文化二期应属于石家河文化。

八里岗遗址：位于邓州市城东约4公里处的白庄村北，坐落在河旁二级阶地上，现存面积约6万平方米。1991年至1996年，北京大学考古学系和南阳市文物研究所在此进行了五次发掘，发掘总面积2600平方米，清理房屋遗迹六十多座、灰坑五百四十多个、墓葬二百一十多座。地层堆积包括仰韶文化、屈家岭文化、石家河文化、八里岗四期文化等四个阶段的史前文化遗存及少量周汉时期的文化遗存。屈家岭文化遗物以陶器为主，多泥质和夹砂灰陶，灰褐陶次之。纹饰主要有弦纹、附加堆纹，有少量镂孔。彩陶少见，纹样有网格纹、宽带纹、晕染纹。器形有鼎、壶形器、双腹碗、薄胎喇叭形杯、盆、钵、豆等。

下集遗址：位于淅川县老贯河东岸的台地上，东西长约210米，南北宽约100米。1959年3月长江规划办公室考古队河南分队在此进行了发掘，发掘面积725平方米。发掘报告将全部遗存分为三期。早期属仰韶文化，发现房基五座、窑一座、灰坑二个、土坑墓十七座、瓮棺葬十一座；中期属屈家岭文化，发掘窖穴七个、土坑墓三座、瓮棺葬二座；晚期属河南龙山文化，发现窖穴十二个、土坑墓一座、瓮棺葬五座。

注　释

[1] 中国科学院考古研究所编著《京山屈家岭》，科学出版社1965年版。

[2] 湖北省文物考古研究所等《屈家岭遗址周围又新发现一批屈家岭文化遗址》，《江汉考古》1998年第2期。

[3] 湖北省京山县县志编纂委员会《京山县志》595页，湖北人民出版社1990

年版。
［4］湖北省荆州地区博物馆《湖北京山油子岭新石器时代遗址的试掘》，《考古》1994年第10期。
［5］荆州地区博物馆《天门邓家湾1987年春发掘简报》，《江汉考古》1993年第1期。石河考古队《湖北石河遗址群1987年发掘简报》，《文物》1990年第8期。湖北省文物考古研究所等《邓家湾》，文物出版社2003年版；《湖北天门市邓家湾遗址1992年发掘简报》，《文物》1994年第4期。
［6］石家河考古队《肖家屋脊》，文物出版社1999年版。
［7］石河考古队《湖北石河遗址群1987年发掘简报》，《文物》1990年第8期。
［8］湖北省文物考古研究所等《湖北石家河罗家柏岭新石器时代遗址》，《考古学报》1994年第2期。
［9］朱俊英《天门张家山新石器时代遗址考古发掘取得重要成果》，《江汉考古》1999年第2期。
［10］荆州博物馆等《钟祥六合遗址》，《江汉考古》1987年第2期。
［11］孝感地区博物馆等《应城市新石器时代遗址调查》，《江汉考古》1989年第2期。陈树祥、李桃元《应城门板湾遗址发掘获重大成果》，《中国文物报》1999年4月4日第8版。
［12］李桃元、夏丰《湖北应城陶家湖古城址调查》，《文物》2001年第4期。
［13］孝感地区博物馆《湖北孝感地区古文化遗址调查》，《考古》1986年第7期。
［14］孝感市博物馆《湖北安陆市新石器时代遗址调查》，《江汉考古》1993年第4期。
［15］蒲显钧、蔡先启《孝感地区两处新石器遗址调查》，《江汉考古》1980年第2期。
［16］孝感地区博物馆《湖北孝感地区新石器时代遗址调查试掘》，《考古》1990年第11期。
［17］中国社会科学院考古研究所编《青龙泉与大寺》，科学出版社1991年版。长江流域规划办公室考古队直属工作队《一九五八至一九六一年湖北郧县和均县发掘简报》，《考古》1961年第10期。
［18］十堰市博物馆《郧县梅子园遗址调查简报》，《江汉考古》1997年第3期。
［19］湖北省文物考古研究所等《南水北调工程丹江口水库郧县淹没区新石器时代考古调查》，《江汉考古》1996年第2期。
［20］同［19］。
［21］十堰市博物馆《十堰市犟河沿岸两处古遗址调查》，《江汉考古》1996年第

2 期。
[22] 中国社会科学院考古研究所长江工作队《湖北郧县和均县考古调查与试掘》，《考古学集刊》第 4 集，1984 年。
[23] 同 [22]。
[24] 同 [22]。
[25] 湖北省博物馆等《房县羊鼻岭遗址调查简报》，《江汉考古》1982 年第 1 期。十堰市博物馆等《房县羊鼻岭遗址再调查》，《江汉考古》1998 年第 2 期。
[26] 郧县博物馆等《竹山县霍山遗址调查简报》，《江汉考古》1994 年第 4 期。
[27] 襄阳地区博物馆《随州几处古遗址调查》，《江汉考古》1985 年第 2 期。襄樊市博物馆《襄樊市文物史迹普查实录》422～427 页，今日中国出版社 1995 年版。
[28] 武汉大学随州考古发掘队《随州西花园遗址发掘简报》，《江汉考古》1991 年第 2 期。武汉大学历史系考古教研室等《西花园与庙台子》，武汉大学出版社 1993 年版。
[29] 湖北省博物馆《襄阳三步两道桥遗址调查》，《江汉考古》1984 年第 2 期。襄樊市博物馆《襄樊市文物史迹普查实录》778 页，今日中国出版社 1995 年版。
[30] 武汉大学历史系考古教研室等《湖北宜城曹家楼新石器时代遗址》，《考古学报》1988 年第 1 期。
[31] 云梦县博物馆《湖北云梦新石器时代遗址调查简报》，《考古》1987 年第 2 期。
[32] 同 [31]。
[33] 孝感地区博物馆《大梧县土城古遗址探掘简报》，《江汉考古》1986 年第 2 期。大梧县博物馆《大梧县古文化遗址调查简报》，《江汉考古》1990 年第 2 期。周厚强《对孝感地区新石器时代文化的几点认识》，《湖北省考古学会论文选集（一）》，武汉大学学报编辑部 1987 年版。
[34] 孝感地区博物馆《大梧县吕王城重点调查简报》，《江汉考古》1985 年第 3 期；《湖北大梧吕王城遗址》，《江汉考古》1990 年第 2 期。
[35] 孝感地区博物馆等《大梧县几处古遗址的调查》，《江汉考古》1984 年第 1 期。
[36] 武汉市博物馆《洪山放鹰台遗址 97 年发掘简报》，《江汉考古》1998 年第 3 期。
[37] 黄陂县文化馆《黄陂境内的新石器时代文化遗址》，《江汉考古》1987 年第

2 期。

[38] 同 [37]。

[39] 同 [37]。

[40] 同 [37]。

[41] 武汉市博物馆等《江夏区潘柳村遗址发掘简报》,《江汉考古》2000 年第 3 期。

[42] 武汉市博物馆等《江夏区锣鼓包遗址发掘简报》,《江汉考古》2000 年第 3 期。

[43] 孝感地区博物馆《湖北省汉川县考古调查简报》,《考古》1993 年第 8 期。

[44] 周厚强《对孝感地区新石器时代文化的几点认识》,《湖北省考古学会论文选集(一)》43、47 页,武汉大学学报编辑部 1987 年版。

[45] 孝感地区博物馆《湖北孝感地区新石器时代遗址调查试掘》,《考古》1990 年第 11 期。

[46] 同 [45]。

[47] 北京大学考古专业商周组《晋豫鄂三省考古调查简报》,《文物》1982 年第 7 期。

[48] 云梦县博物馆《湖北云梦新石器时代遗址调查简报》,《考古》1987 年第 2 期。

[49] 卢德佩《宜昌地区原始文化综述》,《江汉考古》1993 年第 2 期。

[50] 荆州博物馆等《湖北荆州市阴湘城遗址东城墙发掘简报》,《考古》1997 年第 5 期。荆州博物馆《湖北荆州市阴湘城遗址 1995 年发掘简报》,《考古》1998 年第 1 期。

[51] 纪南城文物考古发掘队《江陵毛家山发掘记》,《考古》1977 年第 3 期。

[52] 荆州博物馆等《湖北石首市走马岭新石器时代遗址发掘简报》,《考古》1998 年第 4 期。

[53] 湖北省荆州地区博物馆《湖北松滋桂花树新石器时代遗址》,《考古》1976 年第 3 期。

[54] 湖北省荆州地区博物馆《湖北王家岗新石器时代遗址》,《考古学报》1984 年第 2 期。

[55] 荆州博物馆贾汉清《湖北公安鸡鸣城遗址的调查》,《文物》1998 年第 6 期。

[56] 荆门市博物馆《荆门市荆家城新石器时代遗址调查》,《江汉考古》1987 年第 2 期。

[57] 湖北荆门市博物馆《荆门马家垸屈家岭文化城址调查》,《文物》1997 年第

7期。
[58] 荆门市博物馆《荆门新石器时代遗址调查简报》，《江汉考古》1988年第4期；《湖北荆门市新石器时代遗址调查》，《考古》1992年第6期。
[59] 中国社会科学院考古研究所湖北队《湖北枝江关庙山新石器时代遗址发掘简报》，《考古》1981年第4期；《湖北枝江关庙山遗址第二次发掘》，《考古》1983年第1期。
[60] 枝江县博物馆《湖北枝江新石器时代遗址调查》，《考古》1992年第2期。
[61] 长江流域规划办公室考古队发掘资料。
[62] 湖北省博物馆等《当阳冯山、杨木岗遗址试掘简报》，《江汉考古》1983年第1期。
[63] 宜昌地区博物馆《当阳罗家山新石器时代遗址调查简报》，《江汉考古》1989年第4期。
[64] 湖北省宜昌地区博物馆等《宜昌中堡岛新石器时代遗址》，《考古学报》1987年第1期。卢德佩《湖北宜昌中堡岛发现原始社会群体器物坑》，《江汉考古》1994年第4期。
[65] 湖北省宜昌地区博物馆等《宜昌县清水滩新石器时代遗址的发掘》，《考古与文物》1983年第2期。武汉大学历史系考古专业《清水滩遗址1984年发掘简报》，《江汉考古》1988年第3期。
[66] 湖北省博物馆《宜昌县杨家湾新石器时代遗址》，《中国考古学年鉴·1987》，文物出版社1988年版。
[67] 国家文物局主编《中国文物地图集·湖南分册》，湖南地图出版社1997年版。
[68] 单先进、曹传松《澧县城头山屈家岭文化城址被确认》，《中国文物报》1992年第10期。湖南省文物考古研究所等《澧县城头山屈家岭文化城址调查与试掘》，《文物》1993年第12期。湖南省文物考古研究所《澧县城头山古城址1997—1998年度发掘简报》，《文物》1999年第6期。
[69] 湖南省博物馆《澧县梦溪三元宫遗址》，《考古学报》1979年第4期；《澧县梦溪新石器时代遗址试掘简报》，《文物》1972年第2期。
[70] 尹检顺《澧县鸡叫城新石器时代晚期遗址又有新发现》，《中国文物报》1999年6月23日。
[71] 湖南省博物馆《安乡划城岗新石器时代遗址》，《考古学报》1983年第4期。
[72] 湖南省岳阳地区文物工作队《华容车轱山新石器时代遗址第一次发掘简报》，《湖南考古辑刊》第3集。
[73] 湖南省文物考古研究所《怀化高坎垅新石器时代遗址》，《考古学报》1992

年第 3 期。怀化地区文物工作队《怀化高坎垅新石器时代遗址调查简报》，《考古与文物》1993 年第 1 期。

[74] 国家文物局主编《中国文物地图集·河南分册》40 页，中国地图出版社 1991 年版。孙广清《河南境内的大汶口文化和屈家岭文化》，《中原文物》2000 年第 2 期。

[75] 河南省文物研究所编《河南考古四十年》98 页，河南人民出版社 1994 年版。

[76] 河南省文物研究所《淅川下王岗》，文物出版社 1989 年版。河南省博物馆等《河南淅川下王岗遗址的试掘》，《文物》1972 年第 10 期。

[77] 长江流域规划办公室考古队河南分队《河南淅川黄楝树遗址发掘报告》，《华夏考古》1990 年第 3 期。

[78] 长江流域规划办公室考古队河南分队《淅川下集新石器时代遗址发掘报告》，《中原文物》1989 年第 1 期。

[79] 北京大学考古学系等《河南邓州八里岗遗址调查与试掘》，《华夏考古》1994 年第 2 期；《河南邓州八里岗遗址 1992 年的发掘与收获》，《考古》1997 年第 12 期。北京大学考古实习队等《河南邓州八里岗遗址发掘简报》，《文物》1998 年第 9 期。

[80] 北京大学考古实习队等《1991 年唐白河流域及淮源史前遗址的考古调查》，《江汉考古》1996 年第 2 期。

[81] 河南省文化局文物工作队《河南唐河寨茨岗新石器时代遗址》，《考古》1963 年第 12 期。

[82] 国家文物局主编《中国文物地图集·河南分册》40 页，中国地图出版社 1991 年版。

三　地域类型、分期和特点

（一）地域类型的划分

地域类型又称文化类型，是指同一个考古学文化中具有不同地方特点的共同体。屈家岭文化是一个大而复杂的共同体，它的分布范围南北纵跨三个省，面积近 20 万平方公里。在如此广阔的范围内，由于各种原因，必然导致产生众多的地域性差异。如果忽略这些差异，只是在考古学文化这个层面上笼统地进行研究，就无法将研究工作深入下去。因此，有必要将它划分为若干个地域类型，这样我们就能在一个比较小的范围内，对当时当地人们的物质生产、精神文化和聚落形态等问题进行具体的比较和研究。考古学文化是一个多层次的结构，根据实物遗存的异同程度，在较大的地域类型之下，还可以划分出更多具有地方特点的层次。严文明认为，在这种多层次结构中，考古学文化与民族共同体最为接近，联系也最密切，而其他地域方面的层次文化多与复杂的多级别的社会组织相联系。因此，我们可以“通过考古学文化及其他层次文化，探讨其背后人们共同体的活动方式和社会发展过程，探讨古代民族的形成与演变过程”[1]。

是什么原因造成了地域类型之间的差异呢？根据一些考古学者的论述，这些原因主要有：地理环境和自然条件的差别，风俗习惯的差别，历史文化传统的差别，受周围文化影响的差别等。具体地研究这些差别，实际上也就是研究古代人们的各种生产活动及社会活动。因此在考古研究中，必须重视地域类型的研究。

1. 地域类型的研究情况

对地域类型文化的研究，主要有两个方面，一是对地域类型的划分，二是对地域类型遗存特点的认识。这第二个方面的内容，主要应包括聚落形态、埋葬方式、生产工具、生活用具、武器、工艺品和宗教文化等。

学术界对屈家岭文化地域类型的划分和研究，起始于 80 年代初。1982 年何介钧在《长江中游原始文化初论》中，首先将屈家岭文化分为屈家岭和划城岗两个类型，屈家岭类型主要分布在汉水流域，划城岗类型分布在长江干流和洞庭湖区[2]。从那时到现在，发表的有关屈家岭文化类型划分及研究的论著已有近十篇。1986 年沈强华在《试论屈家岭文化的地域类型》[3]一文中，将屈家岭文化划分为鄂中的屈家岭类型和鄂西北和豫西南的青龙泉类型、洞庭湖的划城岗类型。同时认为漳水以东的孝感、黄冈等地区的屈家岭文化遗存可能属于另外的地域类型。同年祁国钧又提出屈家岭类型、青龙泉类型、关庙山类型的划分方法[4]。1996 年孟华平在《长江中游史前文化结构》第三章第二节中，将屈家岭文化划分为屈家岭类型、青龙泉类型、清水滩类型、三元宫类型和高坎垅类型[5]。1997 年林邦存在《关于屈家岭文化区、系、类型问题的初步分析（续）》一文中，将屈家岭文化划分为屈家岭类型、雕龙碑曹家楼类型、青龙泉类型、下王岗类型、车轱山类型、关庙山类型、高坎垅类型、螺蛳山类型共八个类型[6]。对屈家岭文化的地域类型，还有其他一些划分方法。

以上这些划分法在名称及粗细程度上都有明显的不同。如何看待这些不同呢？首先，这与个人接触的考古资料多少有关。如何介钧提出的两个类型，虽然过于笼统，但在当时资料尚不丰富的情况下，能提出这样的见解已属不易。其次，也和个人对地域类型的理解和认识的不一致有关。如林邦存将鄂西北和豫西南的屈家岭文化划分为三个类型，就有些偏细了。实际上，这里所说的地域类型只是考古学文化多层次结构中较高的一个层次，在划分类型中，应尽可能地把各个类型保持在同一个层次上，这样就不至于划出过多的类型了。

个人的看法虽然有这么多差别，但共同点也不少。其一，都认为存在着屈家岭类型和青龙泉类型。何介钧在 1982 年未提到青龙泉类型，但在 1989 年的论文中却说得很明确。其二，都认为应将洞庭湖地区的屈家岭文化单独划为一个类型，只是对该类型的名称有不同的说法。

各种论著在对屈家岭文化地域类型进行划分的同时，也对各个类型文化的内涵及特点进行了探讨。在最近几年，还出现了几篇专论性文章，如何介钧的《试论屈家岭文化划城岗类型的分期》[7]、沈强华的《屈家岭文化青龙泉类型的由来》[8]、樊力的《论屈家岭文化青龙泉二期类型》[9]等。在这些学者的带动下，目前对各地域类型的专题性研究正在不断深入。

2. 地域类型的划分、命名和分布

根据近五十年来屈家岭文化的考古收获，综合近二十年来对屈家岭文化地域类型的研究成果，现在可以将屈家岭文化区分成四个类型，它们的名称及分布情况如下：

（1）屈家岭类型：分布于江汉平原中北部，亦即汉水东部地区。其代表性的遗存有京山屈家岭晚期一至晚期二（图六），谭家岭第四至五期，邓家湾屈家岭文化一、二期，肖家屋脊屈家岭文化一、二期等。

关于屈家岭类型在屈家岭文化中的地位问题，大多数学者均认为屈家岭类型居于屈家岭文化的中心部位，其遗存是典型的或正宗的屈家岭文化。但对此也有不同的意见。如何介钧在《论屈家岭文化划城岗类型的分期》一文中就有这样一段论述："屈家岭类型被有的同志认作是屈家岭类型的正宗，代表了屈家岭文化的典型特征，而且是唯一有从早到晚遗存的一个类型。其实，屈家岭类型早期地点和出土物均不丰富，而且，其主要出土物小鼎、高领罐、曲腹杯、簋（盆）、喇叭捉手器盖，无论陶质、陶色和器形，均和划城岗早期大同小异。因此，可以认定划城岗类型和屈家岭类型、关庙山类型，都有从早到晚的遗存，很难说哪个类型是屈家岭文化的正宗、中心，代表了屈家岭文化的典型特征。"这段论述主要以"屈家岭类型早期"和"划城岗早期"遗存进行比较，否定屈家岭类型的中心地位和典型特征。但问题是，这两种遗存并不属于屈家岭文化。如果是在屈家岭文化遗存之间进行比较，就不会有这样的看法了。

（2）青龙泉类型：分布于鄂西北和豫西南地区。代表性的遗存有青龙泉二期、下王岗屈家岭文化一期、曹家楼二期、黄楝树的屈家岭文化层。鄂西北和豫西南在地理上连成一片，在地形上也比较相似。屈家岭文化以前，两地都是仰韶文化的范围，文化传统基本一致；屈家岭文化时期，文化面貌也是大同小异。因此，鄂西北和豫西南的屈家岭文化遗存具有相当大的共性，应同属一个地域类型。

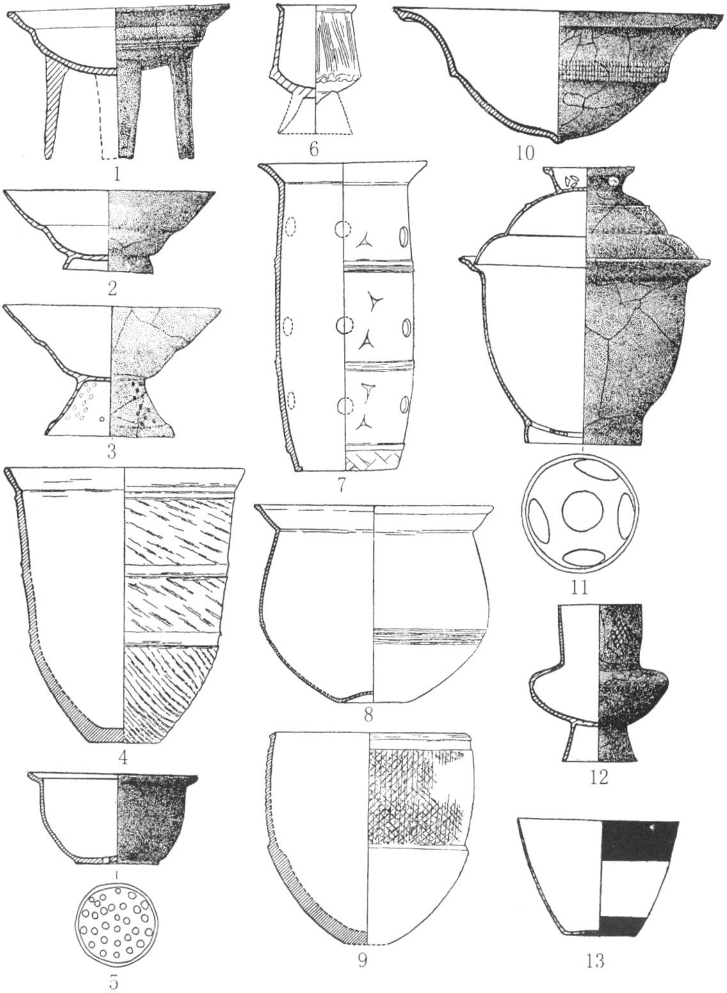

图六 屈家岭遗址晚期一和晚期二陶器

1. 鼎 2. 碗 3. 豆 4. 缸形器 5、11. 甑 6、13. 杯 7. 瓶形器 8. 盆 9、10. 锅 12. 壶

（3）划城岗类型：分布于洞庭湖北部及西部，包括湖北省的公安县、石首市和松滋县。代表性遗存有三元宫墓葬、走马岭墓葬三至四期、划城岗中二期、车轱山第一次发掘的墓葬三至四期、丁家岗 M1、高坎垅墓葬第三期。关于这个类型的名称，也有人称为三元宫类型。本来称三元宫类型明显优于称划城岗类型，因为何介钧当初提出划城岗名称的前提是认为划城岗中一期墓和中二期墓都属于屈家岭文化。但实际上，中一期的九十一座墓很难定性为屈家岭文化，因为这批墓见不到屈家岭文化的典型器形，而中二期墓及出土遗物又不多。相比之下，采用三元宫的命名就比较名副其实，因为三元宫墓葬的出土遗物比较丰富，基本上可以反映洞庭湖地区屈家岭文化的特点。但是话又得说回来，划城岗类型这一名称毕竟提出最早，而且学术界大多数人又都已习惯使用。如果改称三元宫类型反而会造成不便，还有可能跟大溪文化三元宫类型相混淆，所以权衡利弊，还是继续沿用划城岗类型名称比较合适。

（4）关庙山类型：分布于长江三峡及其以东地区。代表性的遗存有关庙山、中堡岛、清水滩三个遗址的屈家岭文化层，其中以在中堡岛发现的屈家岭文化资料最丰富。

关于屈家岭文化区的东侧，因为考古资料比较单薄，文化关系又比较复杂，所以其地域性特点尚未充分显现。对这一地区的屈家岭文化是否可以划分出新的类型，以及如何划分类型等问题，一时还说不清楚。从一些迹象看，该地区北部的屈家岭文化与安徽境内的薛家岗文化关系密切，而南部的屈家岭文化与江西境内的山背文化、筑卫城文化有频繁的交流。这些因素或许有可能成为今后在鄂东和鄂东北划分屈家岭文化新类型的基础。

（二）屈家岭类型的分期与特点

1. 关于屈家岭类型分期问题的讨论

张云鹏在《京山屈家岭》报告中，将屈家岭晚期分为晚期一和晚期二，这是第一次指出屈家岭文化遗存内部存在着分期的可能性。张云鹏的分期大部分是可靠的，但也存在明显的局限。首先，屈家岭晚期一遗存并不丰富，可以用作分期研究的典型器形较少。因此他的分期只能简单地依据地层关系将晚期遗存一分为二，而缺少非常必要的器物形式分析。这样的分期自然不大可能总结出陶器的发展演变规律，因而也就缺少实用意义。其次，有的器物早晚关系明显不正确，例如有的扁折腹壶形器（报告图二五:3）和仰折不明显的双腹碗（报告图版拾捌:7），明显属于较晚的形态，却被排在了较早的晚期一。因此，《京山屈家岭》并没有真正解决屈家岭文化遗存的分期问题。

对屈家岭类型遗存的分期，直到80年代才解决，因为从80年代中期起，北京大学考古学系、湖北省文物考古研究所和荆州博物馆联合对石家河遗址群进行了多年的发掘，获得了大批有关屈家岭文化的资料，这些资料为解决屈家岭类型的分期，提供了充足的依据。1991年至1992年，笔者在《屈家岭晚期遗存的分期问题》和《长江中游新石器时代文化概论》中，对这个问题进行了初步研究；1994年又在《湖北石河遗址群1987年发掘简报》中，将谭家岭、邓家湾的屈家岭文化遗存综合分为第四期和第五期。1999年出版的《肖家屋脊》也是将该遗址的屈家岭文化遗存分为两期。因此可以说，对屈家岭类型遗存的进一步分期问题已经基本解决了。

2. 典型遗存单位举例

在屈家岭类型中，屈家岭文化的遗存是非常丰富的，也是很典型的。但是由于《京山屈家岭》中缺少遗迹单位的资料，而地层资料又大都存在不够单纯的缺陷，所以我们主要从石家河遗址群中挑选典型单位。事实说明：石家河遗址群中所包含的屈家岭文化遗存，比屈家岭遗址所包含的更丰富，陶器发展演变的过程也更清晰。

邓家湾 H11：这是一个出土遗物非常丰富的灰坑，《天门邓家湾遗址 1987 年发掘简报》中发表的陶器共十九件[10]，《长江中游新石器时代文化概论》中也发表了十一件[11]，主要有高领罐、深腹小罐、罐形鼎、双腹豆、双腹碗、壶形器、深腹盆、薄胎彩陶杯、圈足杯、三锥形纽盖、纺轮等（图七）。

肖家屋脊 H531：位于该遗址 AT2308 方内，被叠压于第 5 层之下。H531 中出土大量陶器，主要器形有高领罐、罐形鼎、双腹豆、双腹碗、壶形器、浅腹翻沿盆、薄胎彩陶杯、圈足杯、三角形和柱形纽盖、纺轮等[12]。

肖家屋脊 H85：位于该遗址 AT913、AT914 方内。坑内出土遗物丰富，修复的五十二件陶器中，以双腹碗数量最多，其他器形有高领罐、大口罐、壶形器、甑、碗、钵、豆、斜腹杯、高圈足杯、矮圈足杯、鼎、器盖、纺轮等[13]。

肖家屋脊 H430：位于该遗址 AT1817 方内。坑内出土遗物丰富，陶器主要有高领罐、大口罐、壶形器、甑、碗、斜腹杯、鼎、盖，还有纺轮、石斧等[14]。

谭家岭 H23：出土较多的陶器，《湖北石河遗址群 1987 年发掘简报》中发表的器形有碗、壶形器、双腹豆、缸等[15]。《长江中游新石器时代文化概论》发表的陶器有十八件，除以

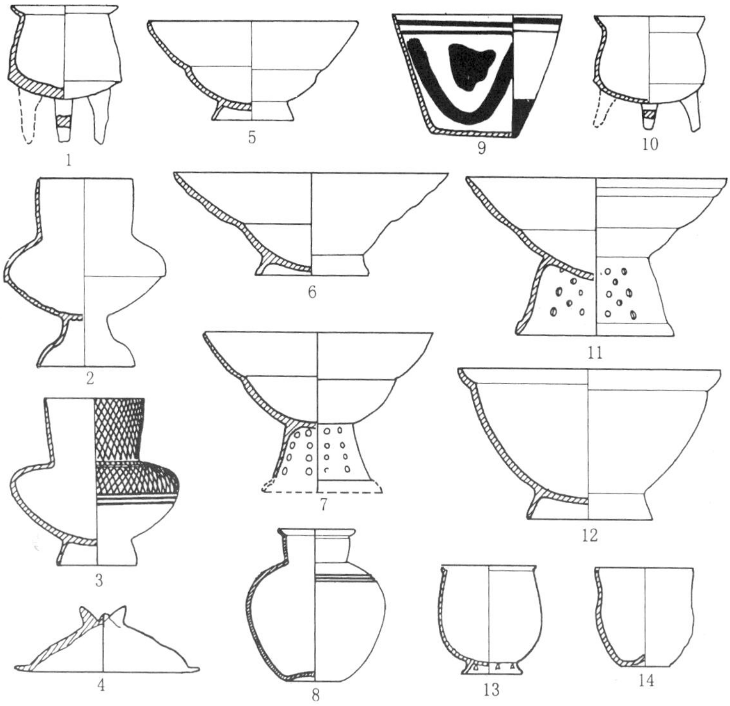

图七　邓家湾 H11 陶器

1、10. 鼎　2、3. 壶形器　4. 盖　5、6. 双腹碗　7、11. 双腹豆　8. 高领罐　9. 彩陶杯　12. 碗　13. 杯　14. 小罐

上四种器形外，还有高领罐、鼎、盆、圈足杯、喇叭形薄胎彩陶杯等（图八）[16]。

经比较，五个灰坑所出的陶器在种类上基本相同。其中高领罐、双腹豆、双腹碗、壶形器、薄胎彩陶杯等均为屈家岭文化的典型器形，因此这些灰坑同属于屈家岭文化遗存。但是，五个灰坑的陶器在形式上也有明显的差别。

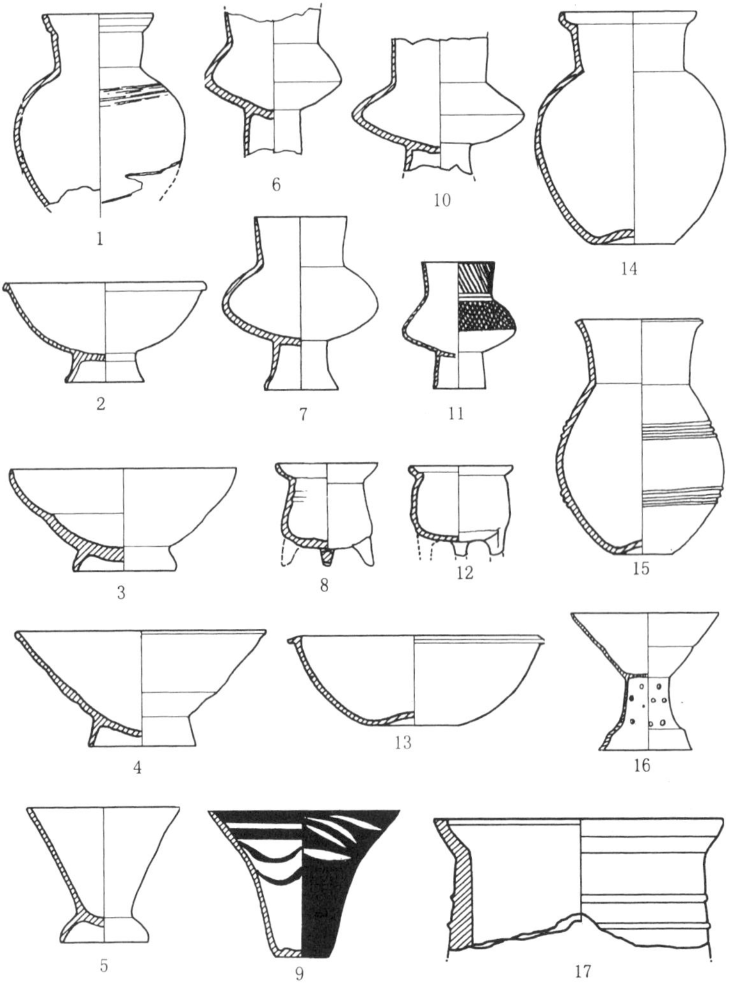

图八 谭家岭 H23 陶器

1、14、15. 高领罐 2~4. 碗 5、9. 杯 6、7、10、11. 壶形器
8、12. 鼎 13. 钵 16. 双腹豆 17. 缸形器

3. 典型器物形式分析

下面从屈家岭文化遗存中，选择几种典型器形进行形式上的比较：

高领罐：Ⅰ式，主要特点是沿面略向内凹，鼓肩，肩部饰三道整齐规则的凸弦纹。Ⅱ式，整体比Ⅰ式瘦，沿面下凹明显，肩略鼓，肩部饰不规则弦纹。Ⅲ式，弧肩，最宽处略下移，肩部饰潦草的弦纹，有的腹部饰稀疏的斜篮纹。

壶形器：Ⅰ式，扁圆腹，肩上部一般较突出，下腹部渐内收；领部和上腹多绘整齐的黑色网格纹。Ⅱ式，与Ⅰ式的主要不同点是腹部略向外折，有的外表绘网格纹，但不及Ⅰ式整齐。Ⅲ式，腹部扁折程度甚于Ⅱ式。

双腹豆：Ⅰ式，胎较薄，盘腹部较浅，仰折明显，圈足上多饰整齐密集的小圆孔。Ⅱ式，盘腹部较深，仰折不及Ⅰ式明显，有的圈足上饰较稀疏的圆镂孔。Ⅲ式，盘腹部外表微折或无折痕，但腹内壁仍可看到不明显的折痕，圈足底部起台座，有的饰极稀疏的圆孔。

双腹碗和双腹鼎：腹部的变化与双腹豆完全相同。

薄胎红陶杯：Ⅰ式，喇叭形，腹壁斜直或微向内弧，底与口之比超过二分之一。一些彩陶杯口沿外表饰黑色宽带纹，内壁口沿饰平行条纹，下饰三组心形及弧形窄带纹。Ⅱ式，腹壁向内弧曲，下部变细，底与口之比小于二分之一。

4. 分期结果

以上面五种器形的式别为标准，对五个典型单位出土的陶器进行比较和统计，可以得出如下结果：

邓家湾 H11：有高领罐Ⅰ式，壶形器Ⅰ式，双腹豆Ⅰ式，双腹碗Ⅰ式，红陶杯Ⅰ式。

肖家屋脊 H531：有高领罐Ⅰ式，壶形器Ⅰ式，双腹豆Ⅱ式，双腹碗Ⅰ式，红陶杯Ⅰ式。

肖家屋脊 H85：有高领罐Ⅱ式，壶形器Ⅱ式，双腹豆Ⅱ式，双腹碗Ⅰ式，红陶杯Ⅰ、Ⅱ式。

肖家屋脊 H430：有高领罐Ⅱ式，壶形器Ⅲ式，双腹豆Ⅱ式，双腹碗Ⅱ式，红陶杯Ⅱ式。

谭家岭 H23：有高领罐Ⅱ、Ⅲ式，双腹豆Ⅲ式，双腹碗Ⅱ、Ⅲ式，壶形器Ⅱ、Ⅲ式，红陶杯Ⅱ式。

从这一统计结果中可以看出，邓家湾 H11 中的五种器形均只有Ⅰ式，肖家屋脊 H531 中除一件双腹豆为Ⅱ式外，其余也都只有Ⅰ式。而肖家屋脊 H430 和谭家岭 H23 中的情况正好相反，五种器形大部分都是Ⅱ式，少数器形还有Ⅲ式，而Ⅰ式则完全不见。肖家屋脊 H85 出土器物的式别与肖家屋脊 H430、谭家岭 H23 所出同类器接近，其中三种器形全部为Ⅱ式，只有一种为Ⅰ式，另一种为Ⅰ、Ⅱ式兼有。经比较，Ⅰ式主要集聚在前两个单位，Ⅱ式主要集聚在后三个单位，Ⅲ式全部在最后两个单位。据此，可以把五个单位分为两组，邓家湾 H11 和肖家屋脊 H531 为第一组，肖家屋脊 H85、肖家屋脊 H430 和谭家岭 H23 为第二组。两组之间陶器的差别，应是时间早晚的反映。由于Ⅰ式红陶杯和Ⅰ式壶形器在大溪文化油子岭类型中即已出现雏形，而Ⅱ式高领罐、Ⅲ式碗、Ⅲ式壶形器与石家河文化早期同类器形较为接近，所以是第一组早于第二组。这样我们就将屈家岭类型的遗存分成了两期，第一组代表第一期，第二组代表第二期。

5. 第一期陶器的特点

陶系：以泥质灰陶为主，泥质黑陶次之，另有一定数量的泥质红陶（包括黄陶），夹砂陶较少见。

纹饰方面：绝大多数陶器都是素面，如肖家屋脊 H531 中，素面陶占 75%。少数陶器饰纹，主要有弦纹、镂孔和彩陶，以及极少量的附加堆纹和戳印纹。弦纹主要饰于罐、盆、甑等陶器的肩腹部，多以泥条附贴，再在陶轮上修理，显得非常整齐规则。镂孔见于豆类圈足上，小而密集。彩陶有厚胎（相对薄胎而言）和薄胎两种，数量比较多。厚胎彩陶主要见于彩陶壶和陶鼎，一般为红衣黑彩。纹样多网格纹和棋盘格子纹。彩陶纺轮数量少，纹彩有紫色和黑色两种，纹样多由四组互相垂直的直线组成。薄胎彩陶见于彩陶杯和彩陶碗上，其中有一部分称为蛋壳彩陶，一般为橙黄地，不施红衣。彩陶杯大多有内彩，其纹样主要有黑色横带纹和心形纹，口部器表多饰宽带纹，也有的全部涂成黑色。彩陶碗无内彩，表面多饰横带式的小格子纹，格子中加一圆点。

制法：轮制和手制兼有，较小的泥质容器多为轮制。泥质胎细腻匀薄，器形精致规整，表面多磨光。在长江中游的新石器时代文化中，屈家岭文化一期陶器是制作得最为精细的。

器形：器类主要有鼎、釜、缸、甑、罐、盆、壶形器、豆、碗、杯、盖等（图九）。除前面已作型式分析的五种器形外，还有一些器形也很有特点。

双腹鼎：见于屈家岭、谭家岭、邓家湾遗址，为屈家岭类型的特有器形，其他类型少见。以谭家岭 H18③∶15 为例，敞口浅折腹，内勾唇，足较短，向外包卷（图九，6）。

罐形鼎：绝大多数都是小型，以邓家湾 AT506⑤∶7 为例，腹较深，壁较鼓，小锥足（图九，5）。也有些罐形鼎的足为凿形或向外包卷。

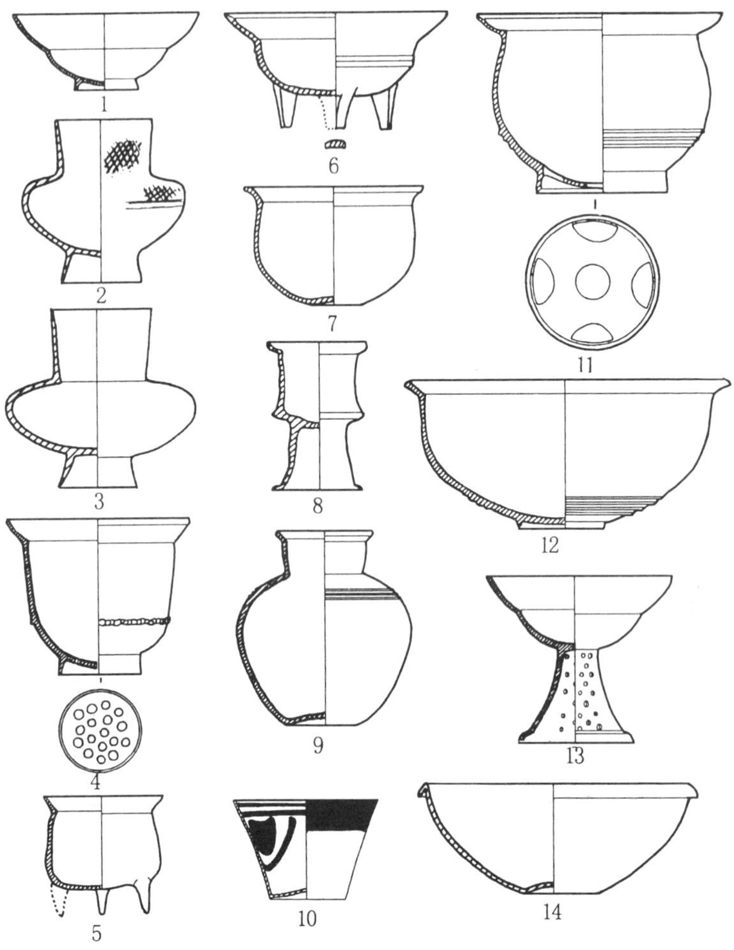

图九　屈家岭文化一期陶器

1. 碗　2、3. 壶形器　4、11. 甑　5、6. 鼎　7、12、14. 盆　8. 高圈足杯
9. 高领罐　10. 彩陶杯　13. 双腹豆

甑：有深浅不同。底部箅孔有两种，一种以邓家湾 H89:2 为代表，戳许多密集的小圆孔，这种箅孔是从大溪文化沿袭而

来（图九，4）。另一种以谭家岭 H18 出土的一件为代表，底部均匀地戳几个大孔（图九，11）。

盆：常见的有三种。第一种以六合 H4 的一件为代表，特点是卷沿，深直腹，平底略凹（图九，7）。第二种见于谭家岭 H18，特点是卷沿，敞口，浅腹，小圈足（图九，12）。第三种以肖家屋脊 H531∶65 为代表，外翻沿，浅腹，内凹底（图九，14）。

高圈足杯：以邓家湾 T33⑨∶1 为代表，筒形腹，高圈足（图九，8）。

6. 第二期陶器的特点

陶系：与前期相比变化不大。

纹饰：纹饰比例较一期增大，但绝大部分陶器仍是素面。纹饰风格有明显变化。凸弦纹变得草率散乱；镂孔仍较流行，但孔眼的密度较稀，孔径比一期增大；篮纹易见，但总数仍很少，一般只饰于罐、缸的腹部，特点是稀疏浮浅；彩陶亦较多，纹样无大变化，只是有些纹彩的线条逐渐变得自由纤细而已。

制法：仍是轮制、手制兼有，但制作不如一期精致规整，陶胎略增厚，有粗糙感。

器形：典型器形的种类和一期基本相同，但形式上有明显变化。双腹碗、双腹豆的腹部相对加深，仰折程度远不如一期明显，双腹豆的圈足下部出现台座。双腹鼎的足明显加长。喇叭形薄胎杯（包括蛋壳彩陶杯）变为斜弧腹，腹变深，底径缩小。高领罐由鼓肩变为溜肩，腹部亦不如一期那么鼓。壶形器的腹部向扁折形演变，腹腔渐小。高圈足杯的腹腔亦大大缩小。小罐形鼎的数量减少了，形态多为宽沿大口，直腹，平底或圜底。在一般的器形中，缸等大型陶器的数量明显增多。新出现敞口大锅、巨形陶祖和盂形器等（图一〇）。

屈家岭类型分期问题的解决，为研究整个屈家岭文化的分期奠定了基础，因为屈家岭类型地处整个文化的中心，加上发展水平较高，对周围各类型都有强大的影响力和辐射力。屈家岭类型的分期标准确定了，其他类型的分期就有了对照的标尺，所以实际上，屈家岭类型的分期也就代表了整个屈家岭文化的分期。

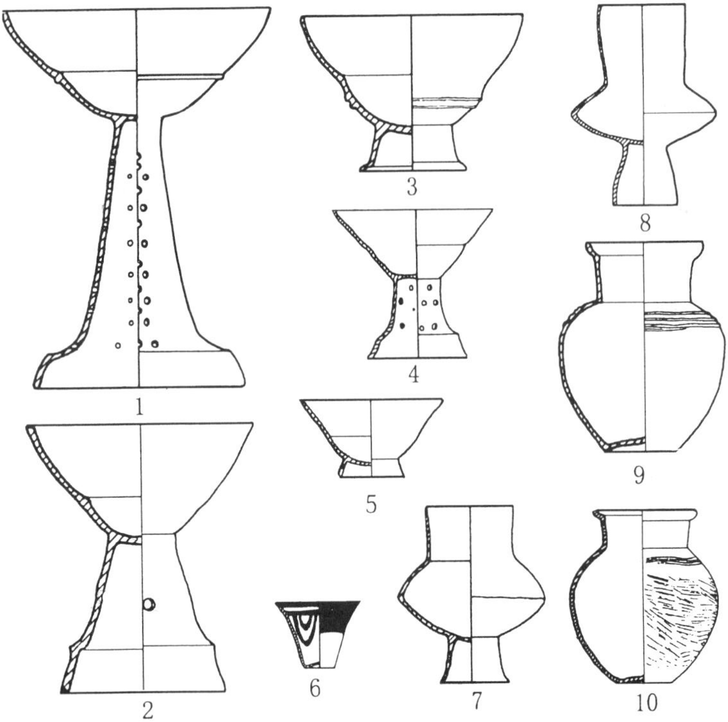

图一〇　屈家岭文化二期陶器

1～4. 双腹豆　5. 碗　6. 杯　7、8. 壶形器　9、10. 高领罐

（三）青龙泉类型的分期与特点

1. 遗存的分期情况

青龙泉类型的考古发掘资料比较丰富，但对单个遗址独立进行分期研究的，只有青龙泉和八里岗两处。

青龙泉遗址：发掘报告认为，屈家岭文化遗存可以分为早、晚两期。早期遗存主要有Ⅰ区的第7、8层，Ⅱ区的第10至16层，以及F6、H12等。其中F6的居住面上发现有陶器、石器、骨器等三十三件器物。晚期遗存主要有Ⅰ区的第3至6层，Ⅱ区的第3至9层，Ⅲ区的第2至4层，以及F1、F2、M45等。F1、F2室内或室外均发现一定数量的陶、石器。经比较，青龙泉屈家岭文化的早晚两期，大致相当于屈家岭类型的一期和二期，其中早期的部分遗存与仰韶文化晚期的遗存较接近。

八里岗遗址：发掘简报在结语中将屈家岭文化遗存分为早、晚两期，早期以H133、H158为代表，晚期以H121、H126、H155等为代表。这两期遗存也分别相当于屈家岭类型的一期和二期。

根据以上两处遗址的分期情况，可以将青龙泉类型的屈家岭文化分为两期，一期以青龙泉早期、八里岗早期为代表，二期以青龙泉晚期、八里岗晚期为代表，这两期和屈家岭类型的两期基本对应。

樊力在《论屈家岭文化青龙泉二期类型》中，也将青龙泉类型分为早、晚两期，它的早期和晚期也大致和屈家岭类型的一期和二期相对应，不同之处只是它的早期又分为早、晚两段，但其早段中仰韶文化成分过多。该段遗存的性质是否属于屈家岭文化，还需要进一步研究。

2. 陶器的特点

沈强华和樊力等学者在讨论青龙泉类型的文章中，都对该类型陶器的特点进行了概括。樊力在《论屈家岭文化青龙泉二期类型》一文中，还对陶器的早晚差别及变化规律进行了探讨。不过由于青龙泉类型的资料远远少于屈家岭类型，自身的分期又不如屈家岭类型清楚，所以现在对青龙泉类型陶器特点的认识，也不可能像屈家岭类型那样清楚。下面以青龙泉遗址的资料为主，结合下王岗、黄楝树等遗址的资料，对青龙泉类型屈家岭文化陶器的特点作一简单的说明。

陶色：一般以灰色为主，其次为红色，再次为黑色。据青龙泉部分探方统计，在该遗址屈家岭文化陶器中，一期灰陶占63%，红陶占25%，黑陶占11%。二期灰陶占54%，红陶占31%，黑陶占14%。黄楝树遗址的屈家岭文化陶色未见统计数据，但三种陶色的多少顺序和青龙泉是一致的。

陶质：分夹砂和泥质两大类。以青龙泉为例，屈家岭文化一期夹砂陶占60%，二期略有降低，占47%，其余的为泥质陶。综合陶色、陶质两个方面的特点，可知青龙泉类型屈家岭文化的陶系特点是夹砂灰陶较多（早期占52%，晚期占30%），其他依次是泥质灰陶、夹砂红陶、泥质红陶、泥质黑陶。青龙泉类型的夹砂陶比例所以比较大，可能与整理者的分类方法有关，有些原本属于粗泥陶的器物，只因含有极少量的细砂粒，就也被当作夹砂陶看待了。

纹饰：以素面为主，纹饰不发达。以青龙泉为例，其屈家岭文化一期和二期，素面陶都占80%，在很有限的纹饰中，弦纹占第一位，其他纹饰都不多。如青龙泉屈家岭文化一期陶片中，有弦纹的占6.7%，有划纹和附加堆纹的各占2%强，镂孔、篮纹、圆窝纹较少，方格纹、绳纹、菱形纹等很少。二期弦纹占11%强，篮纹明显增多，占4%，附加堆纹、镂孔、波形纹、划纹较少，圆窝纹、三角纹等最少。除一般纹饰外，还有彩陶，有的涂红衣。彩色多用黑色，少部分用浅红色或紫红色，多绘在橙黄地上。花纹主要绘在壶形器、盂形器和罐的腹部，少数绘在盘、盆的口沿上，器内绘彩的只有薄胎杯。花纹比较简单，主要有斜方格纹、平行条纹、漩涡纹，次为棋盘纹、宽带纹，还有仰韶文化中常见的以圆点纹、弧线纹、凹边三角纹、斜平行线组成的图案。个别的以平行条纹、心形纹、篦点纹组成的图案，绘于蛋壳彩陶杯和红陶杯内。

制法：主要是手制，其次是轮制。手制器物除少数杯、小器盖等采用手捏外，其他均采用泥条盘筑法，并经慢轮修整，规正匀称，器表多经磨光。

器形：主要有罐形鼎、盆形鼎、罐形甑、带流盆、翻沿盆、折沿深腹罐、大口罐、高领罐、缸（有的称尊）、双腹豆、高圈足杯、喇叭形薄胎杯（包括蛋壳彩陶杯）、壶形器、圈足盂、盆形澄滤器、红顶钵（也称红顶碗）、器座、花边纽器盖、纺轮等（图一一）。

3. 与屈家岭类型陶器的比较

不同考古学文化或地域类型之间的关系，最容易从陶器的特点上反映出来。沈强华为探讨屈家岭文化青龙泉类型的由来，对青龙泉类型和屈家岭类型的陶器进行了对比。樊力则在此基础上，进一步将青龙泉屈家岭文化陶器分为甲、乙两组。下面根据他们的研究，对两个类型陶器的特点进行比较：

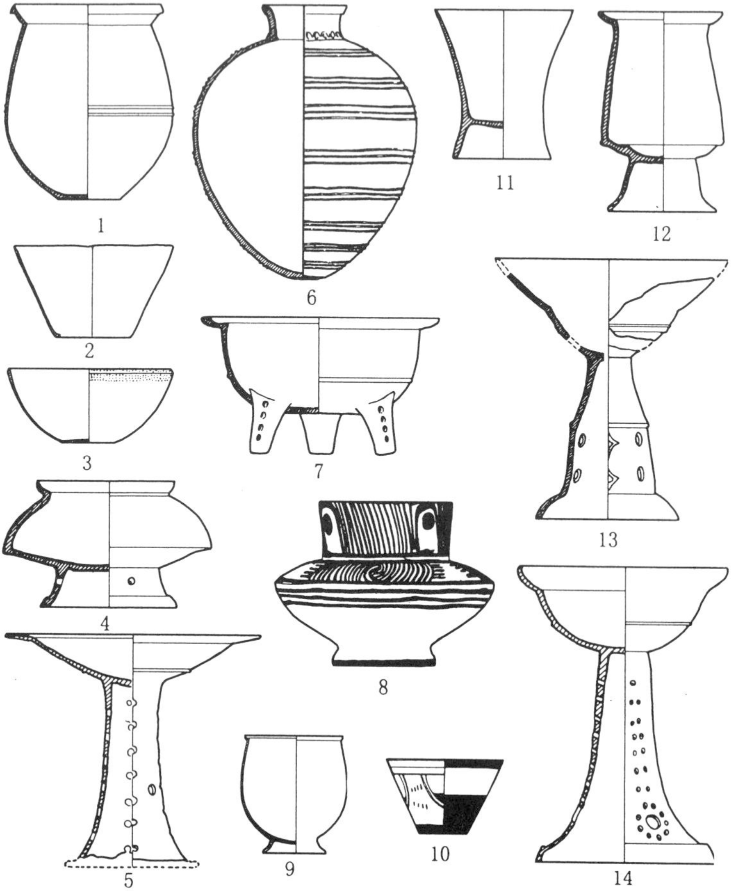

图一一 青龙泉遗址出土陶器

1. 深腹豆 2. 薄胎杯 3. 红顶钵 4. 盂 5、13、14. 豆 6. 高领瓮 7. 鼎 8. 壶形器 9、11、12. 杯 10. 彩陶杯

青龙泉类型甲组陶器主要包括双腹豆、双腹碗、高领罐、高圈足杯、喇叭形薄胎杯、矮圈足杯、罐形甑、壶形器、三锥

形组器盖、彩陶纺轮、尖底缸（或称尊）等。

青龙泉类型乙组陶器主要包括：罐形鼎、盆形鼎、带流盆、折沿深腹罐、大口罐、盆形澄滤器、红顶钵、花边纽器盖等。

甲组陶器常见于屈家岭类型，是屈家岭类型的典型器形。乙组陶器为青龙泉类型所特有，不见或极少见于屈家岭类型。

在陶器纹饰方面，两个类型相似的地方是，都以弦纹特别是凸弦纹为最多。差别是，青龙泉类型中花边状附加堆纹以及彩陶中的仰韶式花纹比较多，而屈家岭类型中极少见。

青龙泉类型和屈家岭类型在陶器特征上的差别，主要是由两个类型各自不同的文化传统决定的。屈家岭类型是在油子岭类型的基础上发展起来的，而青龙泉类型则是由屈家岭类型向北扩展后又吸收了当地仰韶文化的许多传统文化因素而形成的混合体。

（四）划城岗类型的分期与特点

1. 关于划城岗类型分期问题的讨论

目前在划城岗类型中，能够独立进行分期的遗存，主要有走马岭、三元宫、车轱山、城头山等几处。下面具体介绍和讨论这几处遗存的分期情况。

(1) 走马岭遗址：在已公布的划城岗类型的资料中，以走马岭的分期较为清楚。走马岭遗址共发掘三十余座墓葬，其中属屈家岭文化时期的有十多座。1998 年的简报发表了 1991 年以前发掘的十九座。简报将这批墓葬分为四期，并认为其第一期可以归入大溪文化三元宫类型晚期，其余三期分别属于屈家岭文化的早中晚期。经过比较，其第一期和第二期出土陶器比较接近，如第一期的喇叭形薄胎杯、折腹小口的细颈壶、高圈足浅盘豆和第二期的同类器形十分相似，因此这两期可以合并，同属于大溪文化三元宫类型晚期。其第三期、第四期与屈家岭文化屈家岭类型的一期、二期年代相当。走马岭一般地层中出土的陶器也比较丰富，简报将其分为五期，基本可信，只有少数器物的期别需要调整。地层第一、二期大致相当于墓葬一、二期，地层第三期相当于墓葬第三、四期。走马岭遗址的分期为划城岗类型其他遗址的分期提供了参照标准。

（2）三元宫遗址：共发掘二十三座墓葬，发掘报告分为两期，一期包括 M11、M15 至 M17 等四座墓（报告称中期），二期包括其余的十九座墓（报告称晚期）。报告发表后，先后有六位学者发表论文，对这二十三座墓葬重新进行分期研究。例如李龙章在《澧县三元宫晚期遗存浅析》[17]中，将 M5、M6、M10、M11、M12、M15、M16、M17 等八座墓作为早期，其余的作为晚期。吴汝祚在基本认可报告第一期的基础上（仅不同意包括 M11），重点对报告的第二期进行再分期。他依据 M4 叠压 M8，并且两墓的陶器存在差别为由，首先将 M8 和 M4 分为两期，然后以此为标尺，将二十座墓对号入座，于是得出：M8、M11、M12 为第二期，M4 和 M1 至 M3、M7、M9、M12、M14、M18、M19、M21、M23、M24 共十三座墓为第三期，还有 M5、M6、M10、M20 不能确定[18]。朱乃诚、郭胜斌、余西云等人也分别撰文参加了讨论[19]。以上各位学者都提出了不少好的看法，但还是未能形成比较一致的结论，问题主要出在大家对各种陶器形式的合并分组看法不一致。对该遗存分期问题解决得比较好的还是发掘报告的作者何介钧，他在《论屈家岭文化划城岗类型的分期》中，对报告的第二期作了补充性分期，将其一分为二，其第三期有 M1 至 M4、M7、M8、M14、M18 至 M21、M23，共十二座墓，随葬有双腹豆、壶等。其新二期有 M5、M6、M9、M10、M12、M22、M24，共七座墓，随葬有鼎、折腹或扁腹小口长颈壶、双腹豆等。

关于三元宫墓葬的性质和年代，何介钧认为其三期分别代表了屈家岭文化的早中晚三期，但也有学者认为，其第一期可能早到大溪文化，其二、三期则分别相当于走马岭墓葬的三、四期。

（3）车轱山遗址：该遗址发掘的三百八十一座墓葬是研究三元宫类型和屈家岭文化关系及屈家岭文化分期的重要资料。可惜大部分资料至今尚未发表，而在已作报道的一小部分墓葬中，也只交代了个别的陶器共存关系，别人无法据此进行再研究。在这种情况下，现时只能根据简报所作的分期进行一些讨论。简报把第一次发掘的一百二十九座墓分为四期，认为第一期属于大溪文化，第二至四期分别属于屈家岭文化的早中晚期。从公布的各期陶器器形看，简报对第一期墓葬的划分和性质分析都不会有问题。但在第二、三、四期墓葬的划分及定性上，则有不少可以商榷的地方。其一是第二期陶器中，没有见到一件屈家岭文化的典型器形，因此这一期的性质不可能定到“屈家岭文化早期”。其二是第三期的陶器形态普遍比较早，有不少器形在大溪文化中都可以找到，把这一期定到“屈家岭文化中期”显然有些偏晚。从公布的器物图上看，这一期墓葬中，有一些可能属大溪文化，有些可能属屈家岭文化。其三是第四期的墓葬中，M41 很可能早于 M1，因为 M41 的双腹豆、圈足杯、高领罐都具有较早的特点，而 M1 的双腹豆则已出现了只有在屈家岭类型二期才能见到的大台座。因此车轱山第四期以M41为代表的墓相当于走马岭墓第三期，以M1为代表的墓相当于走马岭墓第四期。

（4）城头山遗址：发掘简报将1979年试掘的新石器时代陶片分为七组，认为第二组属屈家岭文化早期，第四组属屈家岭文化中期，第五组属屈家岭文化晚期[20]。这几组陶片中，仅第四组特征比较清楚，其他几组均因数量不多，很难作更多的分析，简报关于各组遗存年代的推定也只能作为参考，准确的分期需待正式发掘报告出版后才能清楚。

根据对以上各处遗存的分析比较，可将划城岗类型的屈家岭文化遗存分为一、二两期。一期包括走马岭墓三期，三元宫M5、M6、M9、M10、M12、M22、M24，车轱山三期中的部分墓、四期中以M41为代表的墓和城头山第四组陶片。二期包括走马岭墓四期，三元宫M1至M4、M7、M8、M14、M18至M21、M23，车轱山四期中以M1为代表的墓。

2. 陶器的特点

陶系：一般以泥质灰陶为主，其次是泥质黑陶，再次是泥质红陶。如划城岗中二期地层中泥质灰陶占37%，泥质黑陶占28%，泥质红陶占24%，墓葬中灰陶和黑陶的比例大于地层，如三元宫二、三期墓中出土陶器一百零一件，其中泥质灰陶五十四件、泥质黑陶四十四件、泥质红陶一件、夹砂红陶二件。

纹饰：绝大多数为素面。纹饰以弦纹和镂孔为主，镂孔有圆形、三角形、菱形等。一些豆的圈足上饰密集的镂孔，极具装饰效果。此外，还有少量的绳纹、绳索状附加堆纹、刻划纹和篮纹等。彩陶比较少，主要见于薄胎彩陶杯，纹彩用晕染法涂刷。

制法：大多数为手制，并用慢轮进行修整，少数为轮制。

器形：主要有双腹豆、双腹碗、双腹鼎、高领罐、翻沿盆、翻沿碗、壶形器、高圈足小口细颈壶、高领大圈足壶（形态介于壶形器和小口细颈壶之间）、圈足盂、喇叭形薄胎彩陶杯、矮圈足杯、高圈足杯、长颈尖底瓶、长颈平底瓶等（图一二）。

3. 与屈家岭类型陶器的比较

划城岗类型陶器可以分为甲、乙两组：甲组主要有双腹豆、双腹碗、双腹鼎、壶形器、高领罐、喇叭形薄胎彩陶杯、圈足杯、圈足盂、翻沿圈足盆、翻沿圈足碗、缸等。以上各种器形的基本特征及变化规律，与屈家岭类型基本一致。如一期胎较薄，二期胎增厚。双腹器一期仰折明显，二期仰折不如前期明显。壶形器一期腹部呈扁圆形，二期呈扁折形。

乙组陶器主要有小口细颈壶、高领大圈足壶、长颈瓶等。该组的器形多数见于本地三元宫类型的遗存中，有些是从三元宫类型的同类器形演变而来。

由此可见，甲组器形是屈家岭类型南下的结果，乙组器形是本地大溪文化部分器形延续和演变的结果。两种文化因素的融合过程开始于大溪文化晚期，即相当于走马岭墓第一、二期。

（五）关庙山类型的特点

1. 陶器的特点

由于发表的资料有限，现在还没有办法对关庙山类型的屈家岭文化遗存作分期研究。下面主要根据关庙山、中堡岛等遗址的发现，对该类型屈家岭文化陶器的特点进行一些分析。

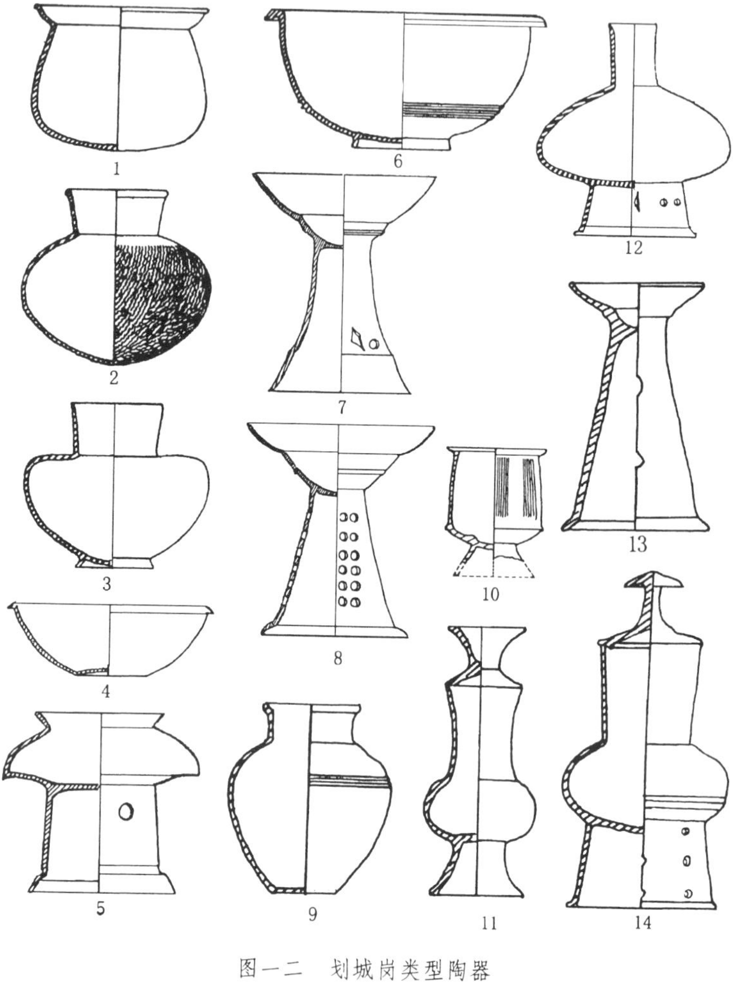

图一二　划城岗类型陶器

1、2、9. 罐　3、11、12、14. 壶　4、6. 盆　5. 盂　7、8、13. 豆　10. 杯

陶系：以泥质灰陶和泥质黑陶为主，泥质灰陶略多于泥质黑陶。夹砂红陶也占有一定的比例。

纹饰：绝大多数陶器为素面，在纹饰中，以弦纹和镂孔最多，镂孔有圆形、方形、半月形等，还有篮纹、划纹、附加堆纹、压印纹等。彩陶不多，一般见于蛋壳陶，图案有斜线网格纹、平行条纹，有的用晕染法。

制法：大多数为手制，普遍经慢轮修整，不少器物表面磨光。

器形：主要有双腹豆、双腹碗、壶形器、高圈足杯、圈足盂、喇叭形薄胎杯、盆形鼎、甑、盆形扁弧足鼎、圜底缸、鼓腹平底罐、小口细颈壶、簋形器、翻沿碗、彩陶纺轮等（图一三）。

2. 与屈家岭类型陶器的比较

屈家岭文化关庙山类型陶器，大多数都见于屈家岭类型。这些器形在长江峡区内外找不到源头，只能是从屈家岭类型而来。

屈家岭文化关庙山类型也有少数器形，如盆形扁弧足鼎、大口平底罐、凹沿罐、内折沿碗等，在当地大溪文化中比较多见，这说明屈家岭类型到达鄂西南以后，也吸收了当地的一些文化因素[21]。

（六）屈家岭文化的绝对年代

屈家岭文化遗存中，经碳十四测定的年代数据主要有下列八个（半衰期为5730年）：

（1）ZK124：标本为屈家岭晚期一文化层出土木炭，碳十四年代为4145±100年，树轮校正值为4585±145年[22]。

（2）ZK125：标本为屈家岭晚期二文化层出土杉木，碳十四年代为4195±160年，树轮校正值为4645±195年[23]。

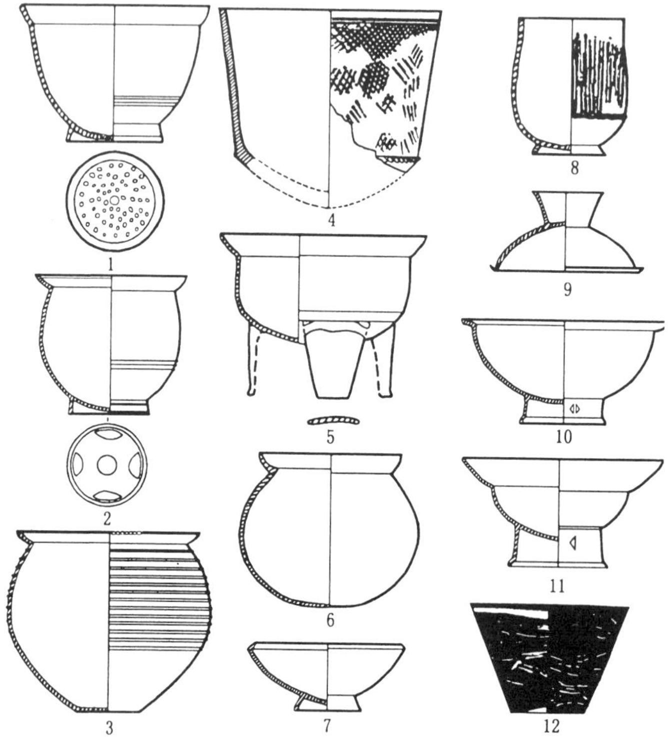

图一三　关庙山类型陶器

1、2. 甑　3. 罐　4. 缸　5. 鼎　6. 罐　7、10. 碗　8. 杯　9. 盖　11. 双腹豆　12. 彩陶杯

（3）ZK91：标本为黄楝树 F11 房基内木炭，碳十四年代为 4220 ± 95 年，树轮校正值为 4680 ± 145 年[24]。

（4）ZK429：标本为青龙泉Ⅰ区 T13⑥木炭，碳十四年代为 4340 ± 150 年，树轮校正值为 4825 ± 220 年[25]。

（5）ZK430：标本为青龙泉Ⅱ区 F1 二号柱洞木炭，碳十四年代为 4500 ± 200 年，树轮校正值为 5020 ± 235 年[26]。

(6) BK90141：标本为肖家屋脊 H430 木炭，碳十四年代为 4510±70 年[27]。

(7) BK87091：标本为邓家湾 T21④木炭，碳十四年代为 5190±80 年[28]。

(8) BK87092：标本为邓家湾 H9 木炭，碳十四年代为 4955±80 年[29]。

综合分析各个标本的测定数据，屈家岭文化的绝对年代大概在距今 5000 年前至 4600 年之间或略有早晚。

注　释

[1] 严文明《走向 21 世纪的考古学》78 页，三秦出版社 1997 年版。

[2] 何介钧《长江中游原始文化初论》，《湖南考古辑刊》第 1 集。

[3] 沈强华《试论屈家岭文化的地域类型》，《考古与文物》1985 年第 2 期。

[4] 祁国钧《试论屈家岭文化的类型及相关问题》，《江汉考古》1986 年第 4 期。

[5] 孟华平《长江中游新石器时代文化的结构》117 页，长江文艺出版社 1996 年版。

[6] 林邦存《关于屈家岭文化区、系、类型问题的初步分析（续）》，《江汉考古》1997 年第 2 期。

[7] 何介钧《试论屈家岭文化划城岗类型的分期》，《考古》1989 年第 4 期。

[8] 沈强华《屈家岭文化青龙泉类型的由来》，《史前研究》1990～1991 年合订本。

[9] 樊力《论屈家岭文化青龙泉二期类型》，《考古》1998 年第 11 期。

[10] 荆州地区博物馆等《天门邓家湾遗址 1987 年春发掘简报》，《江汉考古》1993 年第 1 期。

[11] 张绪球《长江中游新石器时代文化概论》187～188 页，湖北科技出版社 1992 年。

[12] 石家河考古队《肖家屋脊》15、28～29、35～41 页，文物出版社 1999 年版。

[13]《肖家屋脊》35、36、43～53 页。

[14] 同 [13]。
[15] 石河考古队《湖北石河遗址群1987年发掘简报》图三二:7，《文物》1990年第8期。
[16] 张绪球《长江中游新石器时代文化概论》190页，图四十六，湖北科技出版社1992年版。
[17] 李龙章《澧县三元宫晚期遗存浅析》，《考古与文物》1987年第6期。
[18] 吴汝祚《对三元宫遗址文化性质和分期问题的探讨》，《江汉考古》1990年第3期。
[19] 朱乃诚《三元宫墓葬的分期及其文化性质》，《考古》1990年第5期。郭胜斌《三元宫史前遗存文化属性及其相关问题》，《江汉考古》1988年第3期。余西云《三元宫遗址的分期及其文化性质》，《江汉考古》1992年第2期。
[20] 湖南省文物考古研究所等《澧县城头山屈家岭文化城址调查与试掘》，《文物》1993年第12期。
[21] 沈强华《鄂西地区大溪文化的去向和屈家岭文化的来源》图三:15、16，《江汉考古》1994年第4期。
[22] 中国社会科学院考古研究所《中国考古学中碳十四年代数据集（1965—1981年）》，文物出版社1983年版。
[23] 同 [22]。
[24] 同 [22]。
[25] 同 [22]。
[26] 同 [22]。
[27] 北京大学考古学系碳十四实验室《碳十四年代测定报告（十）》，《文物》1996年第6期。
[28] 北京大学考古学系碳十四实验室《碳十四年代测定报告（九）》，《文物》1994年第4期。
[29] 同 [22]。

四　屈家岭文化与有关考古学文化的关系

（一）与石家河文化的关系

屈家岭文化与石家河文化，是同一地域范围内两个具有直接继承和发展关系的考古学文化。研究两者的关系，对于明确屈家岭文化的发展方向，界定屈家岭文化遗存的下限，都是非常必要的。

1. 石家河文化发现的概况

要研究屈家岭文化与石家河文化的关系，首先必须对石家河文化的发现和研究情况，有一个大概的了解。石家河文化是江汉地区继屈家岭文化之后发展起来的一种考古学文化，其中心范围在江汉平原中北部。1955 年湖北省文物管理委员会配合石龙过江水库工程，在今天门市石河镇首次发现了这种文化遗存，并在罗家柏岭、三房湾、贯平堰、石板冲四处遗址进行了发掘。发掘面积最大的是罗家柏岭遗址，达 1147 平方米。但这些发掘资料因种种原因，直到 90 年代才正式发表，此前只是在一些研究性的文章中有所涉及。这次发掘由于是初次进行，缺少比较资料，又由于石家河文化是从屈家岭文化发展而来，其中包含许多屈家岭文化的因素，所以在一段时间里，有些学者把以上遗存都当作是屈家岭文化遗存。

50 年代末到 60 年代初，中国社会科学院考古研究所和湖北省文物管理委员会等单位，为配合丹江口水库工程，在郧县和均县进行了大规模的调查和发掘，其重要收获之一，就是在青龙泉上层发现了一批遗迹和遗物，并从地层上弄清了它是晚于屈家岭文化的另一种新石器文化遗存，但因当时忙于发掘工作，对这些遗存未来得及整理和研究，所以在1961年发表的简报中把它归入了龙山文化系统。

自70年代以来，类似于石家河上层和青龙泉上层的新石器时代文化遗存，在长江中游的湖北、河南西南部和湖南都有发现。通过比较，大家认为这是与黄河流域龙山文化年代相当而特征并不相同的另一种考古学文化遗存。为了区别，考古界相继提出过“湖北龙山文化”、“青龙泉三期文化”、“季家湖文化”、“石家河文化”、“长江中游龙山文化”等名称。称谓的混乱，难免会影响研究工作的开展。为了寻求一致，湖北省考古工作者力主用石家河文化作为统一的命名。由于石家河是首次发现和发掘这种遗存的地点，其遗存又最能代表该文化的典型特点，再加上近年来石家河遗址群大量考古资料的公布，使该文化的面貌更加清楚，所以目前大多数学者都赞成使用石家河文化这一名称。

关于石家河文化所包含的遗存范围，学术界有两种观点。一种观点认为，江汉地区凡是龙山时代的遗存，都属于石家河文化。这种观点一般是将石家河文化分为早、晚两期。早期是从屈家岭文化直接发展而来，代表性的遗存有肖家屋脊石家河文化一期[1]、罗家柏岭石家河文化一期[2]、青龙泉三期[3]、桂花树三期[4]、季家湖[5]、七里河[6]、尧家林[7]等。晚期文化因素比较复杂，既有本地传统的和新出现的成分，又有河南龙山文化南下带来的成分。代表性的遗存有石板冲[8]、肖家屋脊和罗家柏岭石家河文化二期、石板巷子[9]等。另一种观点认为，前种观点所说的石家河文化早晚两期，实际上是两种不同性质的考古学文化。其中只有早期那部分遗存才是真正的石家河文化，而晚期部分由于受中原龙山文化的影响太大，已不属于石家河文化的范畴。对这部分遗存，有些学者称为“后石家河文化”、“石板巷子文化”或“肖家屋脊文化”等。前一种观点出现较早，那时江汉地区龙山时代的遗存发现得还不多，人们首先看到的是它们和中原龙山文化的区别，而对其自身早晚之间的差别，则尚未充分认识，因此这种观点有一定的局限性。后一种观点出现较迟，它是在江汉地区龙山时代遗存的发现日益增多、研究工作不断深入的情况下提出来的，但尚需进一步论证。两种观点虽有一定分歧，但对前种观点所说的“石家河文化早期”遗存性质的看法却是完全一致的，而这种一致性，正是研究屈家岭文化与石家河文化关系的前提。

关于两种文化之间关系的研究和论述，主要有李文杰的《试论青龙泉文化与屈家岭文化、庙底沟二期文化的关系》[10]、刘德银的《论石家河文化早期与屈家岭文化晚期的关系》[11]、李龙章的《浅议石家河文化》[12]等。下面主要根据这些论述，说明两种文化之间的内在联系和区别。

2. 两个文化之间的内在联系

所谓内在联系，主要是指石家河文化对屈家岭文化因素的承袭及发展演变，这种情况在陶器中反映得最为清楚。在陶系方面，屈家岭文化以泥质灰陶为主，泥质黑陶为次；石家河文化继承了这一传统，只是时间越晚，夹砂红陶所占的比例越大。在陶器纹饰方面，屈家岭文化素面陶占绝大多数，纹饰不发达；石家河文化早期也是这样。屈家岭文化罐、瓮类陶器，肩腹部往往饰有较整齐的凸弦纹；石家河文化的罐瓮上也饰有凸弦纹，只是线条变得比较自由和随意。屈家岭文化的圈足器上多饰密集的小镂孔；石家河文化早期的圈足器上也常饰镂孔，不同之处只是孔眼较稀疏，孔径较大。屈家岭文化中出现极少量的篮纹；到石家河文化中，篮纹逐渐增多，成为比较常见的纹饰。屈家岭文化有一定数量的彩陶，其中多晕彩；石家河文化早期仍有彩陶，并且也有晕彩，只是数量没有那么多。彩陶纺轮是屈家岭文化最重要的特色之一，花纹多达十几种；石家河文化早期彩陶纺轮继续流行，花纹也更加丰富多彩。在陶器器形方面，屈家岭文化的许多器形在石家河文化中依然存在，只是某些形态发生了变化。

壶形器：是屈家岭文化的典型器形。一期为扁鼓腹，二期为扁折腹。石家河文化早期，壶形器继续存在，区别是腹部变成锐折，器体变得瘦长，并由此演变出大口或小口圈足杯，其腹部突出部分逐渐退化失去功用（图一四，12）。

高圈足杯：是屈家岭文化和石家河文化常见器形。屈家岭晚期二的高圈足杯有两种形式，一种为小折沿，深直腹；另一种为敞口，束颈，浅折腹。石家河文化早期，后一种杯演变为细长形，腹腔很小，而口部与圈足很高（图一四，13）。

高领罐：是两种文化都多见的器形。屈家岭文化一期多为圆肩鼓腹，内凹底，肩部饰整齐的凸弦纹，二期器体向瘦长形发展，溜肩，所饰凸弦纹变得不齐。石家河文化早期，器体进一步变瘦，底部由内凹变为平底，多饰篮纹（图一四，3）。

喇叭形薄胎杯：屈家岭文化大量使用，石家河文化数量减少。屈家岭文化一期为斜直腹，腹较浅，大多为平底。二期腹壁向内弧，腹变深变瘦，底变小。石家河文化早期，器身进一

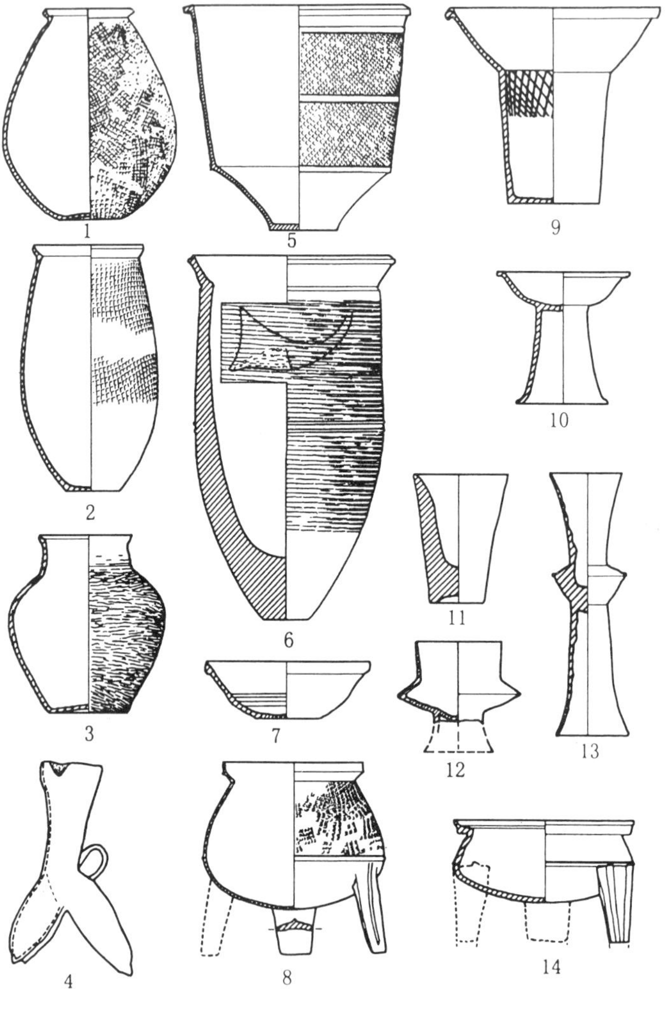

图一四　石家河文化陶器

1. 垂腹罐　2. 腰鼓形罐　3. 高领罐　4. 鬶　5. 缸形器　6. 臼形器　7. 钵　8、14. 鼎　9. 擂钵　10. 豆　11. 厚胎杯　12. 壶形器　13. 高圈足杯

步变瘦，腹腔容积更小，全部是内凹底。

缸形器：两种文化都有。屈家岭文化的缸形器为深直腹，下腹渐内收成平底，饰篮纹和横带式附加堆纹。石家河文化早期缸形器的体形基本同于屈家岭文化的缸形器，唯下腹向内折收，转角特别明显，腹部仍有横带式的附加堆纹，但方格纹渐多于篮纹（图一四，5）。

双腹碗：是屈家岭文化的典型器形。石家河文化早期，在江汉平原中北部，双腹碗已演变成斜腹碗，但在鄂西北和豫西南等地区，双腹碗依然存在。

此外，石家河文化中的罐形甑和盂形器等也是源于屈家岭文化，只是局部形态有所变化。

两个文化的内在联系在聚落形态的发展方面，表现得更为密切。例如石家河聚落群，形成于屈家岭文化时期，繁荣于石家河文化早期。屈家岭文化时期构筑的城垣及壕沟防御体系，到石家河文化时期仍在继续使用，并且基本保持原有的格局。在房居方面，石家河文化早期也是以双间和多间为主。这些情况表明，石家河文化的聚落是在屈家岭文化的基础上继续向前发展起来的。

两个文化的内在联系在墓葬中也反映得很清楚。在石家河遗址群中，两个文化的墓葬大多共处于同一个墓地。例如肖家屋脊和邓家湾遗址共发现四处墓地，每一个墓地中都既有屈家岭文化的墓葬，又有石家河文化的墓葬，可见从屈家岭文化时期到石家河文化时期，这些墓地一直是被连续使用的。两个文化在葬俗方面，也有许多相似的地方。例如都盛行长方形竖穴墓，绝大多数成人都实行单人仰身直肢葬。此外，在石家河遗址群中还有用两组随葬品随葬的习俗，即足端较远处有一组较大的器物，贴身处有一组较小的器物。

总之，所有的遗迹和遗物，都说明石家河文化和屈家岭文化之间，存在着直接继承和发展的关系。这种关系在地层上也得到了充分证明，凡兼有两个文化地层堆积的，都绝对是石家河文化层直接叠压于屈家岭文化层。

3. 两个文化之间的主要区别

从陶器上看，石家河文化区别于屈家岭文化的地方，主要表现在石家河文化时期出现了一批新器形。这些新器形主要有凸棱宽扁足盆形鼎、“麻面”宽扁足罐形鼎、漏斗形擂钵、腰鼓形罐、厚胎臼形器、直筒尖底器、喇叭形厚胎红陶杯、细长颈鬶、短颈平流鬶、缸、敞口平底钵和碗形豆等（图一四）。具体地说，凸棱宽扁足盆形鼎和宽扁足罐形鼎是石家河文化流行的典型器物。两种鼎的口沿多作浅盘口，腹部往往饰有宽带状附加堆纹。盆形鼎为折腹圜底，足为长条宽扁形，足面多饰双竖道凸棱，也有饰单竖道或三竖道凸棱的。罐形鼎作圆腹圜底，足亦为宽扁形。漏斗形擂钵也称澄滤器，上腹向外敞，下腹为直筒形，平底，内有较深的竖道或交叉刻槽，粗砂陶。腰鼓形罐的沿较窄，深腹微鼓，平底。厚胎臼形器多见于石家河遗址群，夹砂红陶，胎极厚，深腹，圜底或小平底，形似炮弹，表面多见各种形式的刻划符号。这种器物在邓家湾和肖家屋脊遗址中常互相套接，长达数米，或口朝下并排放置，这些遗迹现象当与宗教祭祀活动有关。直筒尖底器形状与臼形器有些接近，但都是夹砂灰陶，满饰斜条形篮纹。细长颈鬶为捏流，瘦袋足。短颈平流鬶为花瓣形流，亦为瘦袋足。敞口平底钵常见于江汉平原中北部，泥质红陶，敞口，外贴沿，平底，器壁保留快轮拉坯指痕。碗形豆的腹较深，圈足较高。石家河文化时期，豆是最常见的器形之一。喇叭形厚胎红陶杯在石家河文化中数量极多，石家河三房湾遗址堆积的喇叭形厚胎红陶杯，据调查推算，可能有数万件之多。

石家河文化中还发现大量的陶塑小动物，这种陶塑特别集中地发现于邓家湾遗址，已出土数千件。肖家屋脊等遗址也有发现，有鸡、鸟、猪、狗、羊、象、猴等。

石家河文化新出现的这些器形，均不见于屈家岭文化，陶塑小动物在屈家岭遗址虽有个别出土，但形象比较模糊，完全不同于石家河文化的陶塑小动物。以上陶器代表了石家河文化陶器的典型特征，也是区别于屈家岭文化的主要标志。

（二）与仰韶文化、庙底沟二期文化的关系

这里所说的屈家岭文化与仰韶文化、庙底沟二期文化的关系，主要是指互相影响和互相吸收的关系，即一方面在仰韶文化和庙底沟二期文化中，含有较多的屈家岭文化因素；另一方面，在屈家岭文化中，也含有仰韶文化、庙底沟二期文化的一些因素。

1. 仰韶文化中含有的屈家岭文化因素

夏鼐认为："整个中原的仰韶文化，包括不同时代的各种类型，可能是约公元前 5000 至前 3000 年"[13]。考古资料证实，仰韶文化晚期后段和屈家岭文化一期前段，存在过一小段平行发展的历史。屈家岭文化与仰韶文化的关系非常密切。在鄂西北和豫西南地区，发现许多屈家岭文化遗存直接叠压仰韶文化遗存的地层关系，说明屈家岭文化已经扩展到这里，并取代了当地的仰韶文化。关于屈家岭文化遗址在河南境内的分布

范围，本书在前面已作说明，这里不再重复。屈家岭文化对仰韶文化的影响范围，远远超过它在原仰韶文化区分布的范围，对此，郑杰祥的《屈家岭文化渊源试探》[14]和任式楠的《长江黄河中下游新石器文化的交流》[15]都有具体的论述。其影响最大的地区，主要是在河南中部的汝河和颍河流域，例如禹县谷水河遗址的仰韶文化遗存中，就有不少屈家岭文化的因素。谷水河遗址位于颍河上游禹县顺店东南2公里处，是一处面积约1.5平方公里的新石器时代遗址。据试掘，其仰韶文化堆积可分为三期。简报认为其第三期“既承袭了第一、二期文化的不少因素，又出现了较多的龙山文化色彩，具有仰韶文化向龙山文化过渡的性质”[16]，因此谷水河三期和屈家岭文化一期大约同时。根据《1975年豫西考古调查》[17]发表的资料，谷水河遗址中发现的屈家岭文化器形主要有扁腹壶、高圈足杯、双腹豆、外沿饰宽带形黑彩的喇叭形薄胎杯等（图一五，1、4、9、12）。这几种器形都见于屈家岭文化一期。在地处黄河岸边的大河村遗址也可以看到屈家岭文化的器形。大河村遗址[18]位于郑州市郊，北距黄河约7.5公里，是一处大型新石器时代遗址。其遗存共分六期。第一、二期属仰韶文化中期，第三期属仰韶文化晚期，第四期属过渡期，第五期属龙山文化早期，第六期属龙山文化晚期。据碳十四测定，大河村四期的年代为公元前3070±210年（经树轮校正）[19]，已进入屈家岭文化的时间范围。该期所出的敞口厚胎锅（T1④:34；图一五，7）与屈家岭晚期二所出的大锅（T104:2⑩）相似，另外有一部分彩陶纹饰也比较接近。

以上所说的仰韶文化晚期遗存中含有的屈家岭文化因素，都是在屈家岭文化直接影响下出现的。除此之外，在年代早于

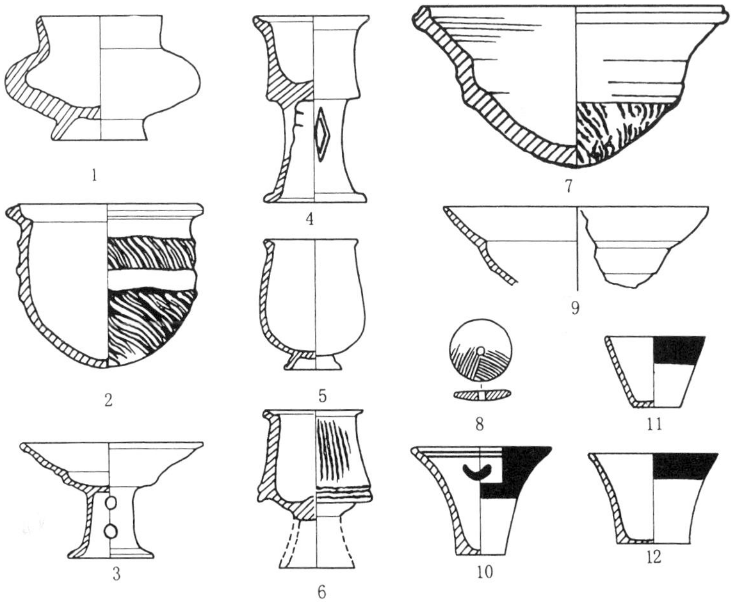

图一五　仰韶文化和庙底沟二期文化遗址中出土的屈家岭文化陶器
1. 扁腹壶　2. 缸形器　3、9. 双腹豆　4、6. 高圈足杯　5. 直腹圈足杯　7. 锅　8. 纺轮　10～12. 薄胎彩陶杯

屈家岭文化的仰韶遗存中，也可以看到一些屈家岭文化的因素，如下王岗仰韶文化三期就出有喇叭形小杯（T23⑤:92）以及带外卷边足的罐形鼎（F50:3）等[20]。对此类现象，郑杰祥的解释是，屈家岭文化“很有可能是从中原地区的仰韶文化母体中脱胎而来”，意思是屈家岭文化继承了仰韶文化的许多因素。但事实也有可能正好相反，不是屈家岭文化继承了仰韶文化的因素，而是仰韶文化吸收了早于屈家岭文化的油子岭类型的文化因素。

2. 庙底沟二期文化中含有的屈家岭文化因素

据碳十四测定，庙底沟二期的年代为公元前 2780±145 年（经树轮校正）[21]，与屈家岭文化的中晚期约略同时。由于两种文化平行发展的时间较长，所以庙底沟二期文化中含有的屈家岭文化因素也就更多些。下面举例说明：

垣曲东关遗址[22]：位于山西省垣曲县东南 30 公里处的古城镇东关，文化遗存包括仰韶文化、庙底沟二期文化、龙山文化晚期三部分，以庙底沟二期文化遗存最为丰富。在这部分遗存中，屈家岭文化的器形有仰折腹高圈足豆（ⅢH11∶35）和薄胎彩陶杯（ⅢH11∶6；图一五，10）。薄胎彩陶杯为喇叭形，深腹，小平底，泥质红陶，口径 14.8 厘米，高 10.8 厘米。外壁上部涂红彩，内沿饰两条平行线纹，其下绘三个由心形纹演变而来的新月形纹。从形态看，这两件器物的年代相当于屈家岭文化二期。

偃师滑城遗址：位于县城东南，1962 年，考古工作者在此进行了两次调查，地层中发现的遗物均属于庙底沟二期文化，并发现一座新石器时代的墓葬，编号 M1。调查报告认为“墓葬的年代应与遗址相同或相近”。该墓共出陶器七件，计有背壶一件，圜底小罐一件，高足杯一件，喇叭形薄胎小杯一件，喇叭形薄胎大杯二件，圈足形纽盖一件[23]。从文化因素分析，背壶和高足杯这两种器形来自大汶口文化晚期。喇叭形薄胎杯的腹较深，体较瘦，则为屈家岭文化二期的典型器形。

商县紫荆遗址：商县位于陕西省东南部，属于丹江上游。遗址在县城东南约 7 公里处丹江南岸的紫荆村北，面积约 10 万平方米。其遗存分为四期。第一期相当于老官台下层文化；第二、三期属仰韶文化；第四期可分为前后两段，前段以 H76

和H124为代表，相当于庙底沟二期文化，后段以H133和T38③为代表，属客省庄二期文化[24]。

简报发表的第四期陶器中，有六件器形与屈家岭文化的同类器相同：(1) 素面喇叭形薄胎杯 (H29∶04)，敞口，斜壁，平底。(2) 喇叭形薄胎彩陶杯 (T13④∶01；图一五，11)，器形与前件相似，唯腹部较浅，细泥红陶，口沿外绘黑色宽带纹，口沿内绘黑色线条纹。(3) 深腹矮圈足杯 (H124∶51；图一五，5)，磨光黑陶，深腹略下垂。(4) 高圈足杯 (T26③∶01；图一五，6)，腹部饰四组竖线划纹。(5) 缸形器 (H124∶13；图一五，2)，夹砂陶，灰褐色，直腹圜底，腹部饰斜篮纹和附加堆纹。(6) 彩陶纺轮 (AT8③∶04；图一五，8)，泥质，外表为橙色，一面较平，另一面较鼓，较平的一面绘橘红色彩，花纹为四组互相垂直的直线。

此外仰韶村遗址所出双腹豆 (H45∶63；图一五，3)[25]、庙底沟二期所出喇叭形薄胎杯[26]、平陆县盘南村所出双腹豆[27]，也都属于屈家岭文化的典型器形。

3. 屈家岭文化中含有的仰韶文化因素

屈家岭文化中含有的仰韶文化因素，主要表现在陶器、石器、骨器和房居上。

(1) 陶器：屈家岭文化陶器中所含有的仰韶文化因素，主要是在青龙泉类型中，这是因为青龙泉类型的分布区原本就是仰韶文化的分布范围。屈家岭文化由江汉平原北上后，一方面取代了鄂西北和豫西南的仰韶文化，另一方面也承袭了当时仰韶文化的许多因素。樊力在《论屈家岭文化青龙泉二期类型》一文中，对青龙泉类型乙组陶器和豫西南仰韶文化晚期的陶器进行了比较，认为前者对后者的"承袭关系明显"，"乙组器物是继承豫西南仰韶文化晚期遗存应没有什么问题，是本地文化因素”。樊力所说的乙组陶器，主要包括大口鼓腹罐、小口中领瓮、大口筒形罐、红顶钵、釜形鼎和刻槽盆等。

除青龙泉类型外，在其他类型中，也可见到仰韶式的陶器，例如六合屈家岭文化墓中出土的小口高领罐形鼎（M17∶1；图一六，5）[28]和大河村三期、下王岗三期的同类器相同。关庙山屈家岭文化的大口平底罐（H75∶15；图一三，3）[29]，多见于青龙泉和八里岗的仰韶文化。屈家岭文化的一些彩陶花纹和仰韶文化也有联系，如壶形器颈腹部常见的斜网格纹和大

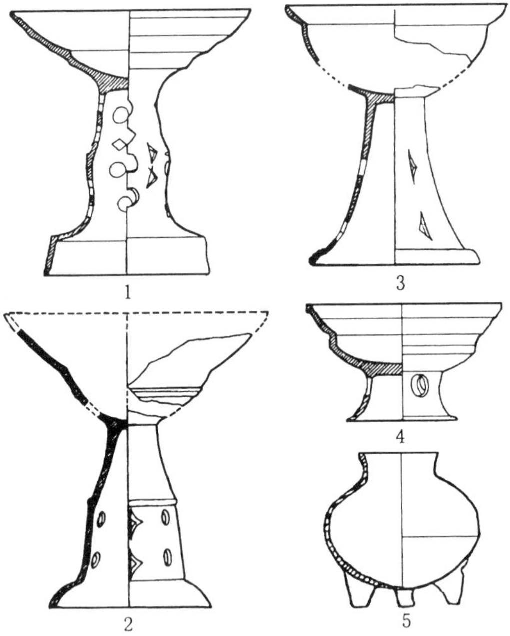

图一六　六合、青龙泉、大汶口遗址出土陶器

1～4. 豆　5. 鼎

河村仰韶文化的基本一样等。

（2）石器、骨器：屈家岭文化中很有特点的圭形凿，在下王岗仰韶文化一期出土五件、二期出土十四件、三期出土三件，青龙泉仰韶文化中出土三件，黄楝树仰韶文化层出土二件。此种凿也发现于鄂西南的大溪文化中。因此，屈家岭文化的圭形凿可能是受仰韶文化和大溪文化共同的影响。屈家岭文化的石镞呈宽树叶形，和后来石家河文化中流行的窄三棱形石镞区别明显。鄂西北和豫西南仰韶文化中的石镞绝大多数也是呈宽树叶形，两者形状基本相同。青龙泉、大寺屈家岭文化层所出的带肩石锄、盘状器、石镰也是源于当地的仰韶文化。

青龙泉类型各遗址中发现较多的骨镞，这种骨镞在仰韶文化墓葬中常成捆出现，两者形态一样。

与陶器相比，屈家岭文化对仰韶文化石、骨工具种类及制法的承袭要多得多，这大概是因为，陶器的形态与文化习俗联系密切，而石器的种类和形态则与当地的生态环境与使用需要有关联。

（3）房居：屈家岭文化的房屋皆为方形，有单间、双间和多间。在黄楝树还发现由北、东两个排房组成的庭院。屈家岭文化的这些房屋形态，在仰韶文化中已经出现。如下王岗仰韶文化三期发现的长排房呈曲尺形，共有二十个单元，其排列形式与黄楝树房院的排房大同小异。下王岗排房中有单间房和双间房，与黄楝树的也很相似。再如大河村仰韶文化中发现的单间房、双间房和多间房相当多，其中尤以双间房和多间房最有特色，其平面布局和屈家岭文化的基本相同。在建筑技术上，屈家岭文化的房屋多为木骨泥墙，墙和地面多用火烤，这种情况同样见于下王岗仰韶文化的房屋。青龙泉类型的屈家岭文化房屋地面，有的还用白灰面做成，这种技术更是源于仰韶文化。

（三）与大汶口文化的关系

大汶口文化是一种分布在黄河下游及东部沿海地区并以山东省为中心的新石器时代文化，年代大约在距今6300年到4500年之间，其晚期与屈家岭文化约略同时。大汶口文化遗存在河南省颍水中上游和伊洛河下游地区有着较广泛的分布。杜金鹏将它称为大汶口文化颍水类型，并认为“颍水类型除了与当地的仰韶文化和龙山文化发生关系以外，其触角向西达秦岭脚下，向南则进入江汉地区，甚至渡越长江直抵江南”[30]。

屈家岭文化与大汶口文化发生接触，主要是在河南省。正如杜金鹏所言：“屈家岭文化向中原地区的挺进，与大汶口文化向中原地区的拓展，在时间上是相同的。因此，大汶口文化与屈家岭文化之间发生某种关系就是自然而然的了”。

屈家岭文化与大汶口文化之间的交流和影响，主要有三种方式。第一种方式是，两种文化因素共处于仰韶文化晚期或庙底沟二期文化的遗存中。例如谷水河和大河村仰韶文化晚期遗存中所出的喇叭形薄胎杯（谷水河48）、双腹豆（谷水河38）、扁腹壶（谷水河34）、高圈足杯（谷水河39）、大口锅（大河村T1④:34）与屈家岭文化中的同类器相同或相似。背壶（谷水河29）、长颈小壶（谷水河32）、罐形豆（谷水河36）、鬶（谷水河Y1:72）、镂孔豆（谷水河Y1:73）等器形和大汶口文化的同类器基本一样。在山西垣曲古城东关遗址庙底沟二期文化遗存中，也有类似的情况。该遗址所出的喇叭形薄胎彩陶杯（ⅢH11:6）为屈家岭文化典型器形，而直筒杯（ⅠH251:61）、长颈宽肩壶（ⅠH185:9）和大汶口文化晚期的同类器十分接近。

第二种方式是，在大汶口文化的遗存中含有屈家岭文化的因素，如大汶口墓葬中共出有六件双腹豆，发掘报告将其分为两式。Ⅰ式有二件，为泥质黑陶，标本M47:10（图一六，4），腹较浅，圈足较粗矮，这一式双腹豆和屈家岭文化中较早的双腹豆基本相同。Ⅱ式有四件，泥质灰陶，这一式双腹豆兼有屈家岭文化和大汶口文化的特点。标本M25:34（图一六，1），盘为仰折腹，具有屈家岭文化特点；圈足高而中间略向外鼓，下带台座，饰竖排的圆形、菱形、三角形镂孔，又都具有大汶口文化的特点[31]。

第三种方式是，在屈家岭文化遗存中含有大汶口文化的因素。例如青龙泉类型中有一些带流的盆和罐，有些学者认为这是承袭当地仰韶文化的器形。但实际上，仰韶文化中的带流器比当地屈家岭文化中的同类器还少。屈家岭文化的带流器和大汶口文化中的同类器也很相似，有可能是受两者共同影响所致。青龙泉和屈家岭晚期二遗存各有一件瓶形器（图六，7），上面饰圆形和三角形镂孔，这两种纹饰组合在一起，常见于大汶口文化，而在屈家岭文化中极少见。同样的纹饰也见于青龙泉T42③A:45、IJ③:5两件双腹豆及T101②:82高圈足杯的圈足上，其中IJ③:5豆的圈足上细下粗，也和大汶口的豆圈足相似（图一六，3、2）。

注　释

[1] 石家河考古队《肖家屋脊》，文物出版社1999年版。

[2] 湖北省文物考古研究所等《湖北石家河罗家柏岭新石器时代遗址》，《考古学报》1994年第2期。
[3] 中国社会科学院考古研究所《青龙泉与大寺》，科学出版社1991年版。
[4] 湖北省荆州地区博物馆《湖北松滋桂花树新石器时代遗址》，《考古》1976年第3期。
[5] 湖北省博物馆《湖北当阳季家湖新石器时代遗址》，《文物资料丛刊》第10集。
[6] 王劲、林邦存《房县七里河遗址发掘的主要收获》，《江汉考古》1984年第3期。
[7] 武汉大学考古专业等《湖北通城尧家林遗址试掘》，《江汉考古》1983年第3期。
[8] 湖北省文物考古研究所等《湖北天门石家河三处新石器时代遗址发掘》，《考古学集刊》第10集。
[9] 湖北省博物馆《湖北宜都石板巷子新石器时代遗址》，《考古》1985年第11期。
[10] 李文杰《试论青龙泉文化与屈家岭文化、庙底沟二期文化的关系》，《中国考古学会第二次年会论文集》，文物出版社1980年版。
[11] 刘德银《论石家河文化早期与屈家岭文化晚期的关系》，《江汉考古》1990年第3期。
[12] 李龙章《浅议石家河文化》，《江汉考古》1985年第3期。
[13] 夏鼐《碳十四测定年代和中国史前考古学》，《考古》1977年第4期。
[14] 郑杰祥《屈家岭文化渊源试探》，《楚文化研究论文集》194～205页，河南人民出版社1983年版。
[15] 任式楠《长江黄河中下游新石器文化的交流》，《庆祝苏秉琦考古五十五年论文集》，文物出版社1989年版。
[16] 河南省博物馆《河南禹县谷水河遗址发掘简报》，《考古》1979年第4期。
[17] 中国社会科学院考古研究所洛阳工作队《1975年豫西考古调查》，《考古》1978年第1期。
[18] 郑州市博物馆《郑州大河村遗址发掘报告》，《考古学报》1979年第3期。
[19] 同[13]。
[20] 河南省文物研究所等《淅川下王岗》图一九四:4、图一九五:7，文物出版社1986年版。
[21] 同[13]。

[22] 中国历史博物馆考古部等《1982～1984 年山西垣曲古城东关遗址发掘简报》，《文物》1989 年第 6 期。
[23] 中国科学院考古研究所洛阳发掘队《河南偃师“滑城”考古调查简报》，《考古》1964 年第 1 期。
[24] 商县图书馆等《陕西商县紫荆遗址发掘简报》，《考古与文物》1981 年第 3 期。
[25] 河南省文物研究所等《渑池仰韶遗址 1980～1981 年发掘简报》，《史前研究》1985 年第 3 期。
[26] 中国科学院考古研究所《庙底沟与三里桥》，科学出版社 1959 年版。
[27] 黄河水库考古队河南分队《山西平陆新石器时代遗址复查试掘简报》，《考古》1960 年第 8 期。
[28] 荆州地区博物馆等《钟祥六合遗址》图一五∶5，《江汉考古》1987 年第 2 期。
[29] 中国社会科学院考古研究所湖北队《湖北枝江关庙山遗址第二次发掘》图一〇∶3，《考古》1983 年第 1 期。
[30] 杜金鹏《试论大汶口文化颍水类型》，《考古》1992 年第 6 期。
[31] 山东省文物管理处编《大汶口》，文物出版社 1974 年版。

五 农业、饲养业和渔猎活动

（一）生产工具的发现与特点

1. 石器

屈家岭文化的生产工具，以石器发现得最多。由于各地的自然条件差别很大，因此遗址中出土石器的数量及特点也不一样。一般地说，山区和丘陵地带的遗址发现的石器要远远多于平原地区的遗址。例如长江三峡中的中堡岛遗址仅在255平方米的范围内就出土石器八百五十件[1]，青龙泉遗址发现的石器也有六百七十七件[2]。屈家岭、黄楝树等屈家岭文化遗存中，出土的石器也不少。但相比之下，位于平原地区的遗址出土的石器就要少得多。如肖家屋脊遗址，发掘的屈家岭文化地层达数千平方米，出土的石器却只有十二件。山区和平原间为什么会有如此大的差别呢？推其原因，一是由于获取石料的难易程度不同。山区丘陵地带石料丰富，取之容易，人们使用时亦不甚爱惜，所以遗存中的石器就多。相反平原地区石料缺乏，石器来之不易，有的甚至要到远处交换，人们自然会加倍爱护，所以丢弃就少。二是由于种植方式不同，对石器的需要量也不一样。山区丘陵地带以旱作为主，对石器的需要量比较大，而平原地带以稻作为主，用木器或角、骨器翻土整田，比石器轻便得多，而且制作也容易一些，所以自然会更多地选择木器或角、骨器等。除以上两个原因外，个别遗址如中堡岛遗址，石器特别多，还有可能是因为那里存在着专业性的石器作坊或石器制作场。在三峡中，这样的石器作坊或制作场是相当普遍的。早在大溪文化时，峡区内外就已出现了专业性的石器作坊，如宜都红花套遗址就是一处。所以在屈家岭文化时，某些聚落有石器作坊或制作场是很自然的事。如果人们今天到三峡江边走走，还会发现许多被丢弃的石制品。山区丘陵地带和平原地区的遗址，不仅在石器的数量上，而且在石器的种类、大小及形态特征上也存在着不少差异。关于这一点，下面还要提到。

屈家岭文化石器中，用于农业生产的，主要有斧、锛、铲、锄、镰、刀等；用于渔猎的，有网坠、镞、盘状器、球等；用于制作生产工具的，有凿、钻、砺石等；用于加工谷物的，有杵等。当然，对于某些石器来说，这种功能上的划分只是相对的，因为有好多石器可以一器多用。例如斧和锛，就既可以用于农业生产，也可以用来劈柴或加工木料，甚至还可以用作武器。钺是一种兵器，这是人人都知道的，但钺的最初形状和名称却是斧。当然这样说并不否定每种石器都有自己的主要用途或专门用途。在所有的石器中，直接或间接用于农业生产的工具，估计要占总数的80%左右。

一件比较精致的石器，往往要经过打制（有的需开料）、琢平、磨光等工序，有的还要钻孔甚至抛光。大多数石器都经过不同程度的琢磨，这类石器通常称为磨制石器。但也有少数遗址出土数量不等的打制石器，如青龙泉遗址中，打制石器的比例就比较高。有些人认为，出现这种现象主要是由于技术落后，但实际情况并不是这样。因为就石器制作技术而言，长江、黄河流域早在公元前第五千年，人们就已经全面熟练地掌握并普遍地应用了。屈家岭文化时期，石器制作技术并不存在什么新的突破，晚期也不会比早期有多少进步。打制石器的存在，主要是由石器本身的用途及人们的使用习惯决定的。例如青龙泉类型中常见的石锄，只要打制成形就可以装柄使用，故也就没有必要再去费时磨光了。至于有些打制石器，本身就是半成品，那就更与技术落后毫无联系了。

下面根据各遗址中石器的出土情况，略述其主要形态和特征。

斧：是石器中数量最多的一种，都是双面刃，主要用于砍伐。在以刀耕火种为特征的旱作农业中，砍伐杂树灌木是不可缺少的农事活动。屈家岭文化中，斧依其用途可分为实用性和礼仪性两类。实用性斧又有两种主要形态：

第一种为近似长方形。这种形态的斧多数比较大而厚重，在长江中游新石器文化中，常见于年代较早的文化遗存。例如大溪文化关庙山类型和屈家岭遗址早期的斧，就以这种形式为主。在屈家岭文化中，则多见于屈家岭晚期一阶段（图一七，1）。

第二种为上窄下宽的梯形。这种形态的斧一般以中小型为主，多出于年代较晚的遗存中。例如在屈家岭晚期二遗存中，中小型的梯形斧在比例上就大大超过了晚期遗存，在平原地区的遗址中，此种斧更是占了绝大多数（图一七，2）。

实用性斧的逐渐小型化，可能与原始农业的不断进步有关，因为砍伐量和费力的粗活减少了，对大中型厚重斧的需要也会随之减少。

礼仪性石斧也称作钺(图一七,14)。形状大多为近似长

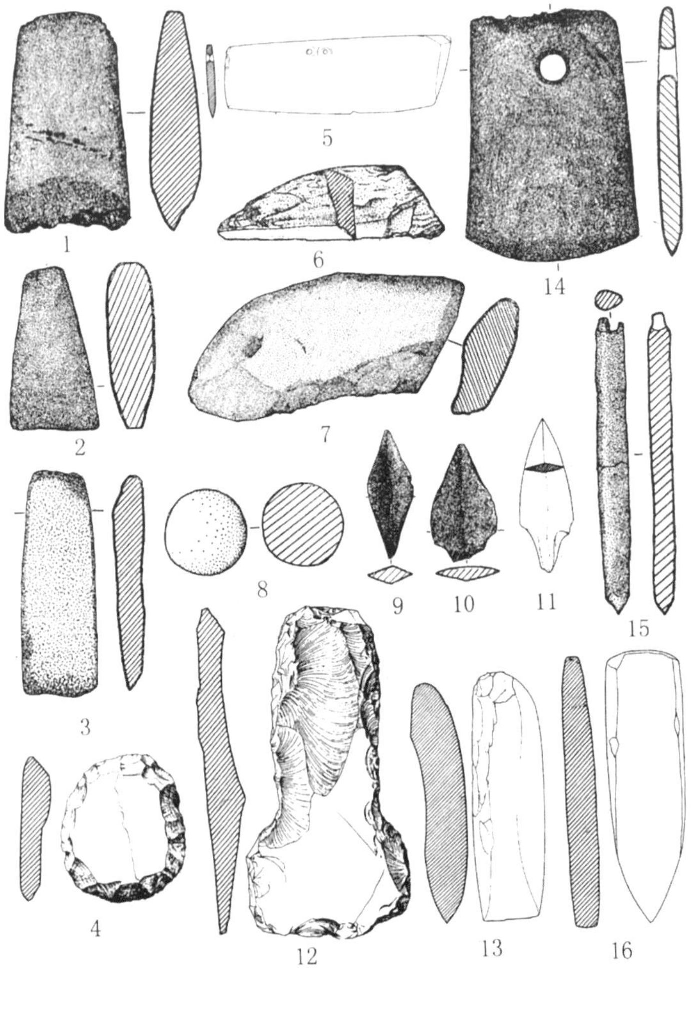

图一七 屈家岭文化石器

1、2. 斧 3. 锛 4. 盘状器 5. 刀 6、7. 镰 8. 球 9~11. 镞
12. 锄 13、16. 凿 14. 钺 15. 钻

方形，顶端略窄于刃端，双面弧刃，形体扁薄，通体磨光，上端有对钻的圆孔。这种斧过去在考古报告上大都称为铲。但是自从良渚文化中发现多件带柄的斧钺以后，人们已知道，这种形状的石器在绝大多数情况下，都应定名为斧或钺。由于此类斧在遗址中出土不多，制作又特别精致美观，所以不大可能用于农事，而极有可能是一种礼仪性用具。

锛：数量仅次于斧。形状一般与斧相似，但以长条形的较为多见。两者的主要区别是，斧是双面刃，而锛是单面刃，装柄的方法也不同，斧是刃部与柄平行，锛是刃部与柄垂直。锛主要用来刨掘土地，也可用来刨砍树皮等（图一七，3）。

进入金属时代，锛逐渐变成木工器具，从而失去了农用功能。

锄：青龙泉遗址发现很多，大寺、中堡岛等遗址也有发现，但平原地区未见，因此它可能是一种适用于山区旱作的农具。锄全部是打制的，一般用石片制成，特点是上窄下宽，凹腰带肩，弧形刃（图一七，12）。

镰：大多数遗址都有发现，以青龙泉和屈家岭两个类型发现最多，如屈家岭和黄楝树各出土十件。镰属于复合型的装柄农具，主要用于收割禾类植物（图一七，6、7）。

刀：多见于青龙泉类型，一般为长方形，有些一边钻有一至二个小孔，作穿系用。这种刀是从仰韶文化中延续而来，其功用较多，既可以割取禾穗，也可以加工食品（图一七，5）。

镞：大多数遗址都有发现，但以山区及丘陵地带发现的居多。青龙泉遗址出土九十五件。屈家岭遗址未作统计，从报告上看，数量也不少。形状如树叶或近似菱形，脊棱不明显，有的无铤，有的有铤，分化不显著（图一七，9～11）。

网坠：发现数量不多，全部为打制。

盘状器：主要发现于青龙泉遗址，采用石片或砾石打制而成，多保留有砾石面（图一七，4）。

球：见于青龙泉、屈家岭和下王岗遗址，大多经过琢磨（图一七，8）。

盘状器和球都是旧石器时代延续下来的古老器种。据有人研究，其功用可能是作为弹丸，狩猎时用皮条或弹弓进行抛投。新石器时代逐渐减少和消失，像在青龙泉遗址发现二十六件盘状器的例子并不多，其中是否有仰韶文化的遗物有待研究。以上这些石器主要是用于农业和渔猎，有的也可能还有其他功用。此外还有凿和钻两种石器，虽与农事狩猎无直接联系，但在经济生活中也颇为重要，故在此一并叙述。

凿：按形态和功用分，主要有两种。第一种为长条形，单面刃，发现较多。这种凿可能主要用来加工木料（图一七，13)。第二种为圭形，双面刃，也有的报告称为雕刻器。这种器形出现于大溪文化和仰韶文化中，屈家岭文化中继续沿用，是一种很有特色的石器。有人认为它是切割石料的工具，切割方法是以刃部带动解玉砂将石料磨断。在大溪文化中还发现一些石器或石料上有尚未切割断的豁口，与圭形凿的刃端颇相吻合，从而证实了这种可能性（图一七，16)。

钻头：主要发现于屈家岭类型中，也是一种加工工具，用于石器或木器的钻孔，用于石器钻孔时，同样需要带动解玉砂（图一七，15)。

2. 骨、角、蚌器

从新石器时代考古发现看，史前时代人类用骨、角、蚌等材料制作工具是非常普遍的，遗憾的是，屈家岭文化中发现的骨、角、蚌器并不多，许多平原上的遗址，甚至一件也没有发现。这主要是因为长江中游的土质多为酸性，加上含水量较大，许多骨、角、蚌器都已腐朽分解了。所幸的是，青龙泉、黄楝树、下王岗等遗址因靠近北方，土质比较干燥，尚保存了一些骨、角、蚌器，这就为我们的研究工作提供了一定的条件。

遗址中出土的骨器主要有镞、凿、匕、鱼叉、鱼钩、锥、针、刀等(图一八)。从用途看，镞、鱼叉、鱼钩属渔猎工具，

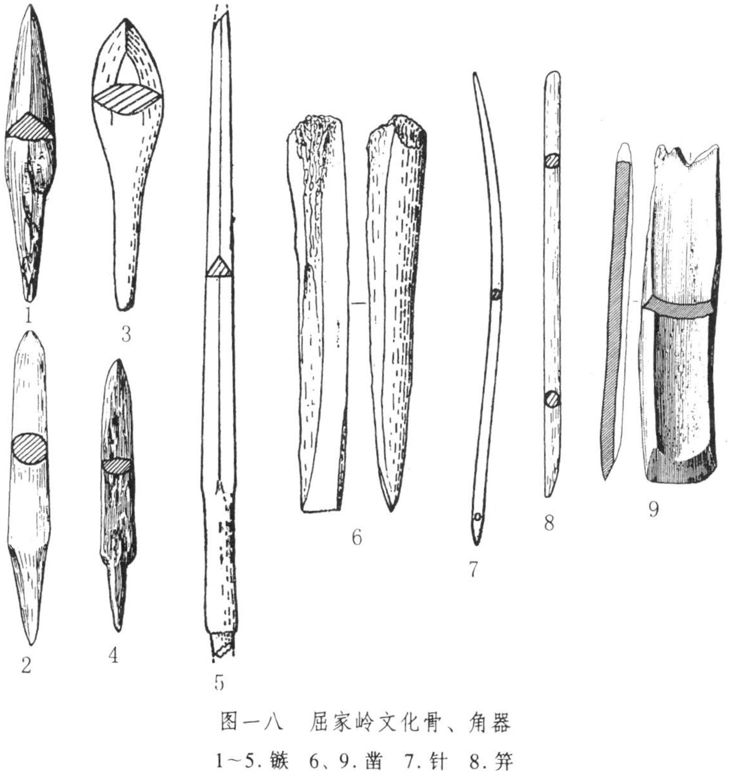

图一八　屈家岭文化骨、角器

1~5. 镞　6、9. 凿　7. 针　8. 笄

其他属于手工或日用工具。因受骨材本身的限制，骨器大都比较细小，但却比较精致。

骨器中镞的数量最多，有些遗址骨镞的数量超过石镞。骨镞的形态也比较复杂，一般以圆锥形为主，其次为三棱形，也有少数为扁锥形、树叶形的。大多数镞都有铤，且分化明显。与石镞相比，骨镞的特点是更为锋利和轻便，推测两类镞在射猎对象及射距远近上有某种程度的分工（图一八，1～3、5）。

骨器中尚未发现明显的农具，青龙泉发掘报告认为有两件骨器是铲，但经观察，其形体都太小，仅有2厘米多宽。这样的工具显然无法用于田间劳作，如定名为凿，或许更准确一些（图一八，9）。但未发现并不等于没有，因为在平原地区的稻作农业中，骨质农具的作用明显优于石质农具。长江下游早在河姆渡文化时期，就已普遍使用骨耜。长江中游的城头山遗址，在大溪文化层也发现了骨耜。因此屈家岭文化中发现骨质农具也不过是迟早的事。

角器，仅在大寺发现一件镞，系用鹿角碎片磨制，镞身呈扁锥形（图一八，4）。

蚌器见于黄楝树和大寺。在黄楝树发现蚌器十二件，这些蚌器未多加处理，仅于一侧钻孔作穿系用，可能属于刮削工具。在大寺发现蚌器五件，其中有镰、镞、刀各一件。镰刃部未开，可能属半成品。镞为树叶形，两侧磨刃，短铤。

（二）稻作农业

1. 屈家岭文化以前稻作农业的发展

稻作农业是长江中游新石器时代农业的主要成分。稻作农业的发展水平，直接关系到该区域聚落形态的演变，决定着文明形成的进程。那么屈家岭文化农业的发展水平如何？它在长江中游史前稻作农业中，处于什么样的发展阶段？要认识和回答这些问题，光凭屈家岭文化自身的材料是不够的，还必须对屈家岭文化以前长江中游稻作农业的发展过程有一个大概的了解。

根据长江中游近五十年来发现的史前稻作遗存，以及学者们的研究成果，大致可以把该区域史前的稻作农业发展史分为四个阶段，其中有三个阶段是在屈家岭文化以前。

第一个阶段为新石器时代早期到中期的前段。这是中国稻作农业起源的阶段，其绝对年代在公元前 1 万年到公元前 6000 年前。这一阶段又可分为前后两个小段。前段遗存以湖南道县玉蟾岩发现的稻谷为代表，标志着人工驯化野生稻的开始。后段以湖南彭头山文化早期发现的稻谷遗存为代表，其主要成就是完成了野生稻向人工栽培稻性状的转化及稳定过程，并在澧水流域开始了小面积的种植。

第二个阶段为新石器时代中期后段，年代在公元前 6000 年到公元前 5000 年之间。遗存主要发现于彭头山文化晚期、皂市下层文化和城背溪文化中。这一时期稻作农业的范围急速地扩大，在长江三峡和洞庭湖区都已开始种植水稻。不仅如此，水稻种植也都开始了，地点在长江下游[3]、淮河流域[4]和汉水上游[5]。

第三个阶段为新石器时代晚期，年代在公元前 5000 年到公元前 3500 年之间。遗存主要发现于汤家岗文化和大溪文化。在城头山、阴湘城、桂花树等遗址中都发现了大量的稻谷遗存。在城头山距今 6300 年前的汤家岗文化地层中，还发现了大面积的水稻田遗迹。这些重要发现表明，长江中游的稻作农业在第三阶段已进入发展时期。其主要特点：一是表现在大面积的种植上，二是表现在水田管理技术的成熟上。

第四个阶段为铜石并用时代，年代在公元前 3500 年到公元前 2000 年之间。屈家岭文化及后来的石家河文化，就处在这个发展阶段上。这一阶段后期水稻的种植范围已与现代十分接近。长江下游还发现了石质破土器和耘田器等新型的水田农具，这些都标志着长江流域的稻作农业已经发展到一个新水平。

从以上背景资料中不难看出，在屈家岭文化以前，长江中游的稻作农业已经过了数千年的发展过程，并且在全国范围内居于领先地位，屈家岭文化的稻作农业就是在这样的基础上继续发展的。

2. 屈家岭文化稻作遗存的发现

屈家岭文化的稻作遗存最早发现于屈家岭遗址，这也是长江中游第一次发现史前的稻作遗存。1956 年仅发掘 800 平方米，就发现一片面积约 500 平方米、体积约 200 立方米的烧土遗迹。这些烧土是由泥土羼和稻壳和稻的茎叶做成的，上下密结成层。据武汉大学生物系化验，这些谷壳以矽的成分为主，因为矽的化合物是很牢固的，所以谷壳的形状能长期保持不变。当时的中国科学院院长丁颖教授对这些谷壳进行了观察和鉴定。他在考察报告中写道："羼在土中的谷壳，一般可以看到淡杆黄或灰杆黄色，与当今栽培的品种相同。把碎片放大，可以看到稻面有齐整格子形的颗粒状突起，稃稜和稃间有显著的茸毛，稃端有芒的断痕，这似乎是一个成熟未完全的谷壳粒，从芒的断面看，芒是很粗长的。护颖仅见痕迹。""根据较为完整的十个谷壳标本的测定结果，最长的 7.5 毫米，最短的 6.8 毫米，平均 6.97 毫米；粒幅最大的 3.8 毫米，最小的 3 毫米，平均 3.47 毫米；长幅比最大的 2.33 倍，最小的 1.84 倍，平均 2.01 倍。”他的结论是：“从图片的稃毛、粒形和标本测定看，这些谷粒当属于粳稻，且在我国是比较大粒的粳型品种，与今天栽培的粳型品种最为相近”[6]。在黄楝树屈家岭文化遗存中也有类似的发现。该遗址共发现二十五座屈家岭文化的房屋，这些房屋的墙壁都是以木柱和竹子做骨架，再以烧土块羼和黏土、稻茎、稻壳搅拌成泥糊的。河南省文物研究所将这些含谷壳的烧土标本送到郑州粮食学院粮油工业系鉴定。根据谷壳残片和印痕的形状、大小、稃形、纵沟以及稃毛，专家确认属稻谷壳无疑[7]。同时送交并经确认的还有从该遗址屈家岭文化层中发现的炭化粟米，说明当时河南西南部的农业生产是水旱兼作。

屈家岭文化稻谷更重要的发现是在荆州市阴湘城遗址。1996 年春，荆州博物馆和日本福冈市教育委员会联合对该遗址进行发掘。这次发掘的重要收获之一，就是在一些屈家岭文化房屋周围的灰坑中，发现了大量炭化稻米和稻谷，收集的标本有数千粒之多（图一九）[8]，同时还有许多稻叶和稻茎。这些稻谷大概是人们在禾场上脱粒时遗落并扫入附近土坑的，否则不会这样集中发现于居住区周围。值得注意的是，所有的灰坑中均未发现其他品种的粮食遗物，这或许意味着，稻米就是当时该聚落主要的食物来源。

调查资料显示，在屈家岭文化分布区，几乎每一个遗址中都存在着大量的稻作遗存信息。例如云梦县博物馆 1984 年在郧水沿岸调查龚寨、好石桥、胡家岗、斋神堡四处遗址，由于

图一九　阴湘城遗址出土屈家岭文化稻谷

调查目的明确，结果在四处遗址的文化堆积中都发现了“大面积夹有稻谷壳、茎秆的烧土层，另外在好石桥东城址中还发现了大量的炭化米”[9]。当然也有些考古调查及发掘报告未涉及稻作遗存问题，这或许是因为一些考古工作人员尚未认识到稻作遗存的重要性，也可能是因为发掘者不了解搜集此类标本的方法。如果解决了认识和方法问题，今后在史前稻作遗存资料的搜集和研究方面，必然会有更多的发现。湖南省考古研究所在史前稻作农业的研究中，一直走在全国前面，原因就在这里。他们在发掘中，总是特别注意观察文化层或灰坑中有无稻谷之类的遗物，如果有，就用水洗法或用木签把谷粒从土块中分离出来，他们因此而获得大量的稻谷实物资料。荆州博物馆曾就此向他们请教，也获得了同样好的效果。

3. 水田灌溉系统的出现与发展

考古资料显示，早在六千三百多年前的汤家岗文化时期，长江中游就已出现了与水田配套的原始灌溉系统。据城头山遗址发掘简报报道，该遗址中的灌溉系统由水沟和储水坑组成，共发现三个储水坑，直径 1.2～1.5 米，深度 1.3 米以上，也发现三条水沟。水沟与水坑相连，均开挖在高于水田的地面上[10]。因受发掘规模的限制，城头山的水田灌溉系统只发现了与水田相连接的部分，也就是终端部分。至于水沟中的水从哪里来，以及水沟的上游还有没有规模更大的水渠和水塘，这些都是未知数。

从汤家岗文化到屈家岭文化，其间相隔一千多年，那么屈家岭文化的水田灌溉系统又会是什么样子呢？对此，现在尚缺少直接的考古资料可以说明。但是通过对某些遗迹现象的考察和分析，也可以对其规模和特点作出一定的推测。

最能反映当时灌溉系统情况的是中心聚落的环壕工程。文物考古界都知道，长江中游近年来在新石器时代考古方面的重要收获之一，就是发现了一批带有城垣和壕沟的中心聚落遗址，这些城址绝大部分都属于屈家岭文化。关于城垣和壕沟的功能，有人说是属于安全防卫系统，有人认为是为了防洪。对此暂时都不必讨论。这里只需指出一点，就是这些工程的规模如此之大，即便放在今天，也是需要花费很大力量才能完成的。这一事实本身就足以说明，屈家岭文化时，已具备开挖较大水利工程和灌溉系统的能力。

如果作进一步分析，就会发现，屈家岭文化城址内外的人工水系，实际上已具备灌溉的功能。理由是：中心聚落在构筑巨大城垣的同时，都对城内外的水系进行了严格的规划。这些水系的共同特点是以环壕（护城河）为中心。壕沟与城址附近的河湖相通，有的河流本身就被利用作为环壕的一部分，这样就保证了环壕的水源，同时也可把多余的水排出去。壕沟通过城垣的水门，还可以控制城内的排灌。较大的城址，如马家垸和阴湘城，城内都有内河与环壕沟通，从而形成一个面积很大的水网水系。壕沟、内河、外河的附近，一般都有相当多的低田可供开田植稻。有些地段的水网，至今仍然在发挥灌溉的作用。可见，当时在规划环壕的时候，已考虑到了水系的改造与建设，使它能够发挥防卫、防洪、排涝、灌溉、交通等多方面的综合效益。

4. 稻作农业的发展水平

关于这个问题，我们可以从当时聚落的扩大和粮食的产量等方面找到一些线索和答案。

（1）聚落的扩大。屈家岭文化时期，长江中游兴起许多大型的聚落群和中心聚落。石家河聚落群不仅是长江中游而且也是整个南方最大的聚落群。赵辉和张弛在《石家河遗址群调查报告》中，确认在屈家岭文化时期，该聚落群中至少已有十个聚落，生活在大约4平方公里的范围内。调查报告对聚落群的人口作过推算，认为这里在石家河文化早期人口最多时，可能有1.5至2万人[11]。这一推算主要是根据石家河城内房址的密度、城东水田的面积，以及参照其他一些原始聚落可能有的人口作出的。由于城内的房址不一定都是同一时期的，现在的水田面积也不等于当时可能种植的面积，所以这一推算数字明显有些偏大。估计石家河文化早期（至少有二十二个聚落）人口不会超过一万人，而屈家岭文化晚期不会超过四千人，就算只有二千人吧，这也是一个很大的数字。这么多的人集中住在一起，主要靠什么生活呢？如果原始农业不发展，过分地依赖渔猎是不切实际的。况且该聚落群并不靠山，附近的湖面也很有限，唯一的可能，就是靠比较发达的原始农业。聚落群西面和北面以旱田为主，东面差不多都是水田，推测当时这里的原始农业是以稻作为主，水旱兼作，这从聚落群中发现的许多稻作遗存也可得到印证。

（2）产量的增加。屈家岭文化以前，长江中游以稻作为主的农业经济虽然已有所发展，但从社会消费的总体水平看，粮食仅能维持氏族生存与繁衍的基本需要，因为至今尚未发现任何一种证据能够说明粮食有了剩余。到屈家岭文化时期，情况出现了根本的变化。大量迹象表明，此时粮食在维持生计的前提下，已开始有了一定剩余。如屈家岭文化中出现了大量小陶杯，其数量比例远远超过任何一种陶器，许多研究者都认为这种小陶杯是一种酒器。如果没有多余的粮食，普遍酿酒是不可想像的。再如屈家岭文化层中发现大量家猪的牙齿，这也说明粮食比较多了，因为家畜的饲养水平一向与农业的发展直接相关。虽然我们不能肯定，稻作经济在原始农业中究竟能占多大比例，而且不同地区水旱兼作的情况也有很大差别，但是到公元前第三千年时，长江中游的稻作农业毕竟已经过了七千年以上的发展过程，屈家岭文化的原始农业是以稻作为主，并已成为生活的主要来源，应是没有任何疑问的。

（三）饲养业与渔猎

1. 饲养业

我国的家庭饲养业有着悠久的历史，但考古报告中能够提供的这方面研究资料却极为有限。造成这种情况的原因主要是由于畜禽的骨骼不易保存，但与考古工作者重视不够，未注意收集鉴定也有关系。屈家岭文化有关家庭饲养业的资料零星见于青龙泉类型和屈家岭类型的一些发掘报告。家庭饲养的畜禽品种主要有狗、猪、羊、鸡等。

狗骨见于下王岗、青龙泉和屈家岭遗址，青龙泉 F3 下和屈家岭 T94C－2 还各发现一具完整的狗骨架。狗是最早出现的家畜，距今至少已有九千年左右的历史。它是从狼驯化而来的，和狼的主要区别是，个头没有狼那么大，嘴较短，牙齿较小。在下王岗仰韶文化一期发现六具殉狗，其头骨和狼的区别很大，说明已经过长期的驯化过程。

家猪的牙齿和碎骨几乎见于每一处屈家岭文化遗址。在天门石家河的屈家岭文化层中，家猪牙齿和碎骨出土的数量非常之多，说明家猪的饲养已很普遍，并已成为人们的主要肉食来源。青龙泉 F6 南室墙基下有一具完整的家猪骨架，可能是建房前作奠基仪式之用。

未见到羊和鸡的骨骼，但在屈家岭遗址中发现的陶羊和陶鸡模型可以提供证明，其中鸡的形象较清楚，一看就能判别是母鸡。以上四种畜禽只是在现有考古资料中有据可查者，在实际生活中，畜禽的种类当然不止这些。

2. 渔猎活动

在整个新石器时代，渔猎始终是经济生活中不可缺少的一部分。这是因为，渔猎既是对以农业为主的经济的一个补充，也是人们在生产力很低的情况下，获取动物性食品的重要途径。至于渔猎在整个经济生活中所占的比例，则要看各个时期农业的发展水平，以及各个聚落所处的自然环境是否有利于渔猎活动。

屈家岭文化的渔猎活动情况，可以通过渔猎工具，被猎动物骨、牙的发现，还有生态环境的考察得到一些了解。屈家岭文化遗址中发现的渔猎工具，主要有镞、石球、盘状器、鱼叉、鱼钩、网坠等。关于这些工具的发现情况及形态特点，前面已有叙述，这里不再重复。在各种渔猎工具中，以镞发现得最多，其在实际生活中所起的作用当也最大。屈家岭文化的人是如何进行渔猎的？具体做法已无法考查，但是通过下王岗仰韶文化墓葬资料可以多少得到一点启示。在该遗址仰韶文化墓葬中，有三十九座墓随葬镞、网坠、石球或殉葬狗。有的墓既有镞，又有殉狗。经过鉴定，殉狗墓中的死者全都是男性。这些情况生动地说明，在仰韶文化中，渔猎仍是男子日常的重要工作，而狗和镞则是他们最为重要的帮手和工具。下王岗仰韶文化层之上，直接叠压的就是屈家岭文化层。虽然该文化层中尚未发现类似的随葬情形，但某些传统的风格和做法是有可能流传下来的。在下王岗遗址中发现大量野生动物的牙齿和骨骼，其中属于屈家岭文化时期的主要有斑鹿、猪獾、狍、龟等，而斑鹿是当时的主要猎获对象。

屈家岭文化的渔猎活动，从当时聚落的自然条件和生态环境特点中也可得到一些线索。据考古调查，江汉地区许多新石器时代的遗址，都分布在低山丘陵向平原或湖区过渡的地带。如屈家岭遗址就是一个典型的例子。该遗址北面 3 公里之外就是山丘，东南面则是大片的水田湖区，而遗址本身，又在两条水量丰富的小河之间。这样的环境，无疑非常适宜农业生产，同时又方便上山狩猎和下河湖捕捞。屈家岭遗址上发现的大量农业及渔猎工具，也很好地印证了这种推测。因此史前先民选择什么样的自然环境作为聚落地址，是由其生存条件和经济生活方式所决定的，并非偶然的巧合。

注　释

［1］湖北省宜昌地区博物馆等《宜昌中堡岛新石器时代遗址》，《考古学报》1987年第1期。

［2］中国科学院考古研究所《青龙泉与大寺》72、104页，科学出版社1991年版。

［3］罗家角考古队《桐乡罗家角遗址发掘报告》，《浙江考古学刊》1981年。浙江省文物管理委员会等《河姆渡遗址第一期发掘报告》，《考古学报》1978年第1期。

［4］张居中《舞阳贾湖遗址发现栽培水稻》，《中国文物报》1993年10月31日。

［5］魏京武《从考古资料看陕西农业的发展》，《农业考古》1986年第1期。

［6］丁颖《江汉平原新石器时代红烧土中的稻谷壳调查》，《考古学报》1959年第4期。

［7］郑州粮食学院粮油工业系《淅川黄楝树遗址出土粮粒鉴定意见》，《华夏考古》1990年第3期。

［8］荆州市博物馆发掘资料。参见贾汉清等《荆州阴湘城遗址考古获重大收获》，《中国文物报》1997年7月1日。

［9］云梦县博物馆《湖北云梦新石器时代遗址调查简报》，《考古》1987年第2期。

［10］湖南省文物考古研究所《澧县城头山古城址1997～1998年度发掘简报》，《文物》1999年第6期。

［11］石家河考古队《石家河遗址群调查报告》，《南方民族考古》第五辑。

六 手工业

（一）制陶手工业

1. 屈家岭文化以前的制陶工艺

（1）陶器的发明和起源

陶器的发明，对于人类历史的发展和进步具有重大的意义。从考古发现看，东亚是世界上最早发明陶器的地区。在屈家岭文化以前，中国制陶的历史已有1万年左右。例如广西桂林的庙岩、湖南道县的玉蟾岩、江西万年的仙人洞和吊桶环，都发现了年代非常古老的陶片和陶器。庙岩的陶片经过碳十四测定，年代为13610±500BC和13710±260BC。玉蟾岩的木炭和陶片经过碳十四测定，年代分别为12540±230BC和12860±230BC。仙人洞和吊桶环的年代与玉蟾岩的差不多[1]。在玉蟾岩发现的陶片质地疏松，一碰即碎，说明火候很低。陶器制作粗糙，厚薄不均，有的厚达2厘米。陶器的表面呈黑褐色和红褐色。陶胎中夹大小不一的粗砂，大的砂粒长径达20毫米。陶片内外都有近似绳纹的模糊印痕，可能是用植物的藤茎滚压而成。所有陶片只分属于两件釜，未发现其他器形。玉蟾岩陶器的这些原始特点，在陶器的发明起源阶段具有普遍的代表性。虽然此类陶器遗存发现极少，在年代上又和屈家岭文化相隔十分久远，但了解它们对于说明史前制陶工艺的发展过程却十分必要。

（2）彭头山文化、皂市下层文化、城背溪文化的制陶工艺

陶器从发明到普遍制作使用，还要经过一个很长的发展过程，对这个过程我们目前还不甚清楚。但在长江中游，至迟到新石器时代中期的彭头山文化、皂市下层文化和城背溪文化，陶器已成为人们生活中不可缺少的用品。由于这些文化中陶器发现得比较多，形态特征又比较原始，所以研究屈家岭文化以前的制陶工艺，主要是从这里开始。

陶器的生产过程主要包括土料加工、制坯成型和烧成三个步骤。在不同的历史时期，人们为完成这些步骤而采用的工艺和方法是有很大区别的。那么，彭头山文化、皂市下层文化和城背溪文化时期是如何来完成这三个步骤的呢？对此，俞伟超和牟永抗都曾撰文进行研究[2]，李文杰在《城背溪文化的制陶工艺》[3]一文中，也作过专门论述。下面主要介绍一下他们的研究结果。

在土料加工方面，包括选料和加工两个环节。彭头山等文化采用的制陶原料有黏土和羼和料两类。一般器物均采用普通的黏土，不经淘洗，含杂质较多。羼和料以炭化稻壳为主，砂料次之，用这样的土料制成的陶器，以夹炭红陶最多，其次为夹砂红陶，泥质红陶很少。未见细泥陶，但淘洗工艺已出现，个别器物涂刷红陶衣所用的泥浆就是经过淘洗的。

在制坯成型方面，彭头山等文化主要采用泥片贴筑法。以前也有人称此法为模制法。这种成型方法的操作顺序是，先将练好的泥料搓成泥球，再按成泥片，然后经过手捏、拍打或滚压，使泥片之间互相粘贴在一起筑成坯体。据李文杰的观察和研究，其具体方法有两种：一种为大泥片贴筑法，即利用大而

厚的泥片贴筑成坯体，泥片之间相互叠压的部分比较窄，因此需要的泥片比较少。这种方法通常用于制作粗放的器物，如釜、圜底罐和圜底钵等。另一种为小泥片贴筑法，系用数量很多、小而薄的泥片贴筑成一件器物，泥片之间相互叠压的部分很宽，从表面和断面可以看到多层次斜向叠压的现象。这种方法通常用于制作比较精致的器物，如圈足盘等。用泥片贴筑成型后，还要用湿手抹平，用木拍进行拍打。泥片贴筑法是一种非常古老而原始的制陶方法，用这种方法制作陶坯，不仅效率很低，而且外观也不很规整，所以当比较先进的泥条盘筑法出现以后，这种成型方法就被淘汰了。

在烧成方法上，彭头山文化的陶器都属红陶系，未见灰陶，表明是在氧化气氛中烧成的，尚未出现还原烧成的方法。推测当时的陶器是在露天或在开放式的窑中烧制的。大多数器物的烧成温度偏低，陶质较松软，表面颜色深浅不匀，局部因挨着燃料渗入炭粒而形成黑色或青灰色斑块。

(3) 大溪文化的制陶工艺

大溪文化时期，长江中游的制陶业发展到了新的水平。遗址中发掘出土的陶器，不仅数量巨大，而且种类复杂，形态美观。李文杰在《大溪文化的制陶工艺》[4]和《屈家岭遗址第三次发掘遗存的制陶工艺和年代问题》[5]中，对该地区这一时期的制陶工艺进行了全面考察和研究。

在土料加工方面，大溪文化的陶质分为无羼和料和有羼和料两种。前者称为泥质陶，此种陶质又可分为普通泥质陶和细泥陶。细泥陶土的来源，一是可以从自然界中寻找，二是可以通过人工的淘洗获得。有羼和料的陶质分为夹炭陶、夹蚌陶和夹砂陶三种。夹炭陶源自彭头山等文化，主要成分为炭化稻壳，由于揉练比较充分，稻壳大多已成碎末状。大溪文化一、二期是夹炭陶最为盛行的时期。其优点是比较轻，不易开裂。缺点是密实度较差。大溪文化中晚期，夹炭陶逐渐减少。

在制坯成型方面，主要采用泥条盘筑法。这种方法在城背溪文化晚期已经出现，但普遍使用还是在大溪文化时期。其做法是，先将泥料做成一个圆饼形器底，再用搓好的泥条围绕器底的边缘盘筑成器壁。大溪文化时已普遍使用慢轮。慢轮用土烧制或用木制，可以旋转，只是速度不快。用泥条盘筑坯胎可以在慢轮上进行。在慢轮上做陶器的优越性表现在：第一，制陶者可以不再围绕陶坯走动，有利于提高劳动效率。第二，可以使泥条盘筑得更加均匀，因为借助慢轮旋转的作用力，双手可以更好地挤压和围接泥条。第三，在旋转的慢轮上用手抹平、用竹刀刮削、用陶拍蘸水拍打和用粗布蘸水抹光，能获得更好的效果。这样做出的陶坯比单纯用手工做的更圆正。第四，慢轮的使用还引起了纹饰的变化，弦纹随之兴起，成为重要纹饰。总之，慢轮和泥条盘筑法结合使用，代表了大溪文化及同时期其他文化制陶的新技术和新水平。

在烧制技术方面，大溪文化早中期以红陶为主，黑陶和灰陶很少。以后随着时间的推移，红陶渐少，黑、灰陶渐多。这种由红色向黑色和灰色转变的过程，是新石器时代陶系变化的普遍规律，而造成这种变化的根本原因，是烧制技术的不断进步。

大溪文化遗址中发现的陶窑不多，但在早期就已开始用窑烧制陶器，却是可以肯定的。因为在湖南早于大溪文化的汤家岗文化中，就已经发现了陶窑。在城头山大溪文化遗存中，还发现了比较完整的制陶场所。大溪文化的陶器主要采用氧化气氛烧制，所以绝大多数呈红色。但也有少数陶器在烧成后期改用还原焰烧，使陶胎内的氧化铁大部分还原成氧化亚铁，从而使陶胎变成灰色。

2. 屈家岭文化的制陶工艺

彭头山文化、皂市下层文化、城背溪文化和大溪文化制陶工艺的不断进步，为屈家岭文化制陶工艺的进一步发展打下了基础。下面仍从三个方面来考察和研究屈家岭文化的制陶工艺情况。

(1) 陶土的选择和加工。屈家岭文化的陶质分为泥质陶和夹砂陶两大类。在此前已流行数千年的夹炭陶被淘汰。泥质陶在数量上占绝大多数，有些遗址如肖家屋脊、邓家湾等，泥质陶的比例高达90%左右。泥质陶占的比例大，说明陶器生产的量大，在生活中用得普遍。因为泥质陶器主要是食器、水器和容器等品种，人们的物质生活水平越提高，对此类陶器的需要量也就越多。而夹砂陶器主要是蒸煮器，在彭头山文化、城背溪文化中，蒸煮器占的比例很大，在玉蟾岩发现的两件陶器更全部都是蒸煮器。为什么年代越早蒸煮器越多呢？这是因为人类发明陶器的目的，主要是为了解决熟食问题，但炊具的需要总是很有限的。随着陶器广泛的使用和产量的增多，泥质陶器的比例必然会越来越大，而夹砂陶占的比例会越来越小。这种趋势的发展，也在一定程度上反映了制陶业的发展水平。

屈家岭文化的泥质陶仍分为普通泥质陶和细泥陶两种。与大溪文化时期相比，普通泥质陶所含的杂质大为减少，其中有些可能经过筛选或淘洗。屈家岭文化时期，轮制技术已经普及，而轮制对于泥料的选择和加工是有很高要求的。根据一些学者对民间传统制陶的调查，在快轮上拉坯所用的泥料，不仅选料要精细，而且还要长时间地浸润揉练。因为只有这样，才能增强泥料的柔韧性和可塑性，使拉坯成型成为可能。屈家岭文化中薄胎陶器很多，例如屈家岭遗址的第二次发掘，共发现蛋壳彩陶片八千二百七十五片。这些薄胎陶器均属于细泥陶。如果不对土料进行细致的淘洗和加工，要大量制作这样薄的陶器是很困难的。

屈家岭文化的夹砂陶器主要有缸、锅形器和鼎等。也有些大型陶器的胎中羼有碎陶末，其作用大概和砂子相同。

(2) 制坯成型：屈家岭文化制陶工艺的最大成就是快轮的普遍使用。古代制陶工艺依成型方法可划分为两个阶段，前一阶段以手工成型为特征，后一阶段以快轮成型为特征。李文杰认为，泥片贴筑法是一种比较原始的手制成型方法，而泥条盘筑法是一种典型而成熟的手制成型方法。大溪文化中已普遍使用慢轮制陶，但其主要成型方法仍停留在泥条盘筑阶段，故仍属于手工成型的范畴。只有当快轮出现，并以拉坯成型代替泥条盘筑以后，制陶工艺才进入快轮成型阶段。

快轮成型习惯上又称为快轮制陶。其基本原理是，利用轮盘（陶车）快速旋转所产生的惯性力，将置于轮盘中央的泥料提拉成所需形状的坯体。用这种方法成型，在陶器的内底和器壁上往往残留下螺旋式的拉坯指印，在底外留有用绳子切割形成的偏心涡纹。

快轮成型方法出现于大溪文化晚期。据李文杰在《大溪文化的制陶工艺》和《屈家岭遗址第三次发掘遗存的制陶工艺和年代问题》中研究，在关庙山大溪文化第四期的细泥黑陶中，有些豆、细颈壶、曲腹杯和平底杯上留有螺旋式拉坯指印。红花套遗址 H76 出土的一件细泥黑陶矮圈足细颈壶，肩部和近底部内壁也有明显的螺旋式拉坯指印，按顺时针方向旋转。屈家岭第三次发掘的一、二期陶器均为手制，但到第三期开始出现轮制。能够看清拉坯指印的共有十件器物，器形有簋、圈足盘、鼎、壶等。大溪文化第四期的年代为距今5330年至5235年前后，屈家岭第三期的年代与大溪文化第四期基本相同，因此江汉地区是我国境内最早出现快轮成型的地区之一。

大溪文化时期虽然出现了快轮成型技术，但使用尚不普遍。据李文杰观察，关庙山、红花套、屈家岭在大溪文化四期能看出轮制痕迹的陶器总共不过二十二件，这说明快轮成型还处在初始的阶段。到屈家岭文化时期，快轮成型技术在制陶中已普遍得到使用。据对邓家湾、六合、肖家屋脊、走马岭、阴湘城等屈家岭文化陶器的观察，喇叭形薄胎小杯、壶形器、双腹豆、双腹碗、双腹鼎、高圈足杯等器形，绝大多数都是用快轮成型的。下面略举数例：

六合T57④C所出喇叭形薄胎杯：泥质红陶。口径8.5厘米，底径3.6厘米，高3.8厘米。器底和内壁都留有逆时针方向的螺旋形拉坯指印。底外有线割坯留下的偏心涡纹（图二〇，1）。

邓家湾H71所出壶形器：圈足残，泥质橙黄陶。口径9.5厘米，残高11.8厘米。领内表有逆时针方向的螺旋形拉坯指印（图二〇，2）。

邓家湾AT606③:10高圈足杯：泥质橙黄陶，表面饰多组竖划纹。口径7.2厘米，高12厘米。在壁内表和底部都有逆时针方向的螺旋形拉坯指印（图二〇，3）。

走马岭H173所出双腹豆：泥质灰陶，口径19.5厘米，高19.4厘米。在高圈足内表有顺时针方向的螺旋形拉坯指印（图二〇，4）。

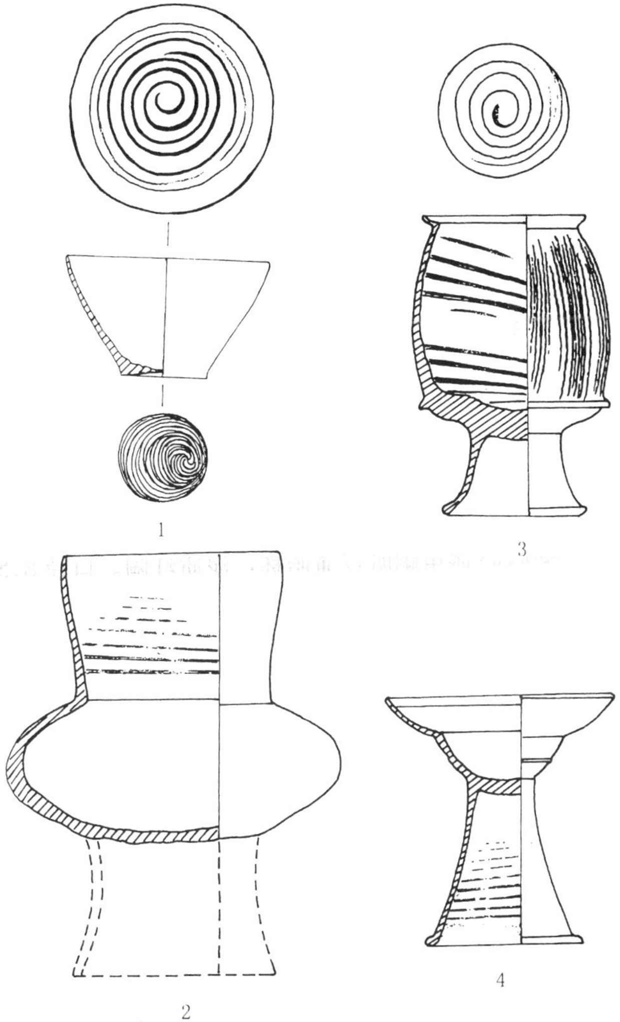

图二〇　屈家岭文化陶器上的轮制痕迹

1. 杯　2. 壶形器　3. 高圈足杯　4. 双腹豆

在快轮成型的陶器中，有的是一次成型，也有的是各部分分别成型后再接合在一起的。

快轮成型的出现与广泛使用，是制陶工艺史上的重大技术变革，对其意义不可低估。那么，快轮装置究竟是什么样子？它是如何进行操作的？快轮成型到底有哪些优越性？为了弄清这些问题，考古学者深入少数民族地区和各地农村的传统陶器作坊进行了不少调查。

快轮装置是在慢轮装置的基础上改进和发展的。慢轮装置可以云南景洪傣族曼斗寨人使用的为例（图二一）[6]。其制作方法是，在地下挖一个直径约25厘米、深19厘米的小坑，中间插入一根圆木桩，桩上安一个厚约10厘米、直径约26厘米的木转盘。转盘底面中间有一方孔，和上面不通。孔中插一段竹管，用来套在木桩头上，使其可以旋转。使用时将陶泥放在木轮上，自己用手或脚拨动，在上面做陶器。

快轮装置可以湖北省枝江县马家店镇陶器厂使用的为例（图二二）[7]。根据李文杰的调查和记述，整个快轮称为陶车。在平地上挖一个圆孔称为车坑，车坑上大下小，车坑底部中央栽入一根木桩，称为车桩。车桩上部逐渐变细，顶端呈圆锥形。轮盘上部较小，直径约70厘米，下部较大，直径约80厘米，中间较薄，边缘向下弯。轮盘中间安轴，轴的顶部不通，以下中空，称为车筒。车筒顶部内壁用泥料粘结一个复碟形陶器，称为顶子。顶子正好扣在车桩的顶上，车筒下端的内壁用泥料粘结一个环形陶器，

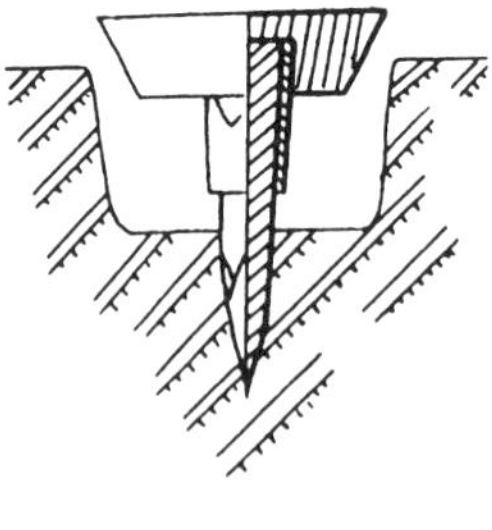

图二一 傣族曼斗寨人使用的慢轮

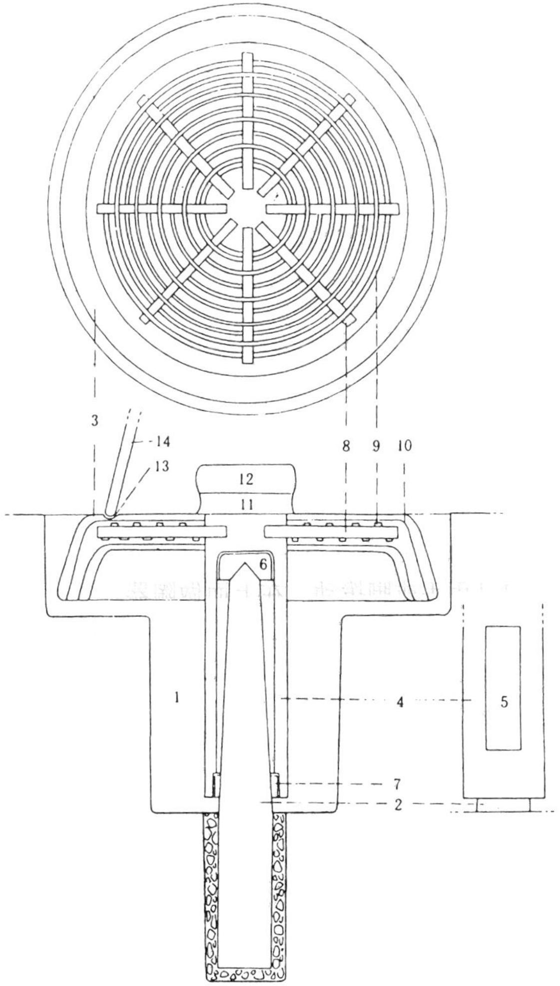

图二二 湖北枝江陶器作坊使用的快轮

1. 车坑 2. 车桩 3. 车盘 4. 车筒 5. 长方形孔 6. 顶子 7. 车脚 8. 车爪 9. 竹盘 10. 棕丝 11. 泥料 12. 木盘 13. 转窝 14. 搅棍

称为车脚。顶子和车脚的内壁经常涂抹油脂，加强润滑。车筒带动车轮围绕车轴旋转。轮盘上安装八根木条，称为车爪。车爪之间用竹篾盘绕，称为竹盘，车爪和竹盘涂抹棕丝拌泥。轮盘重约 40 公斤。轮盘中央用泥料粘结一个木制的圆柱体，称为木盘，直径约 20 厘米。轮盘上面的边缘安装一个圆窝状陶器，称为转窝，另外还有一根搅动轮盘的木棍。

将上面的快轮与慢轮进行一下比较，可以发现，两者在转动原理上基本是相同的。不同之处是，快轮比慢轮做得更精致坚实，筒与桩之间摩擦系数更小，因此能转出更快的速度，产生更大的离心力。

陶工操作共有七个步骤。第一步，先将备好的泥料置于木盘中央。第二步，先用脚蹬，再用棍搅，使轮盘快速旋转。第三步，两手蒙住泥坨向上推，向里挤，使泥坨变成圆柱形。第四步，用大拇指从泥柱中央插下去，接近木盘时，再向外推泥，使形成器底。器底上面出现大拇指推泥时遗留的螺旋式拉坯指印。第五步，左右两手放在内外两侧，用力将泥料逐渐向上提拉，形成器壁，称为拉坯。器壁内外分别出现螺旋式拉坯指印。第六步，在慢速旋转的轮盘上，修整毛坯，用角板刮掉指印和多余的泥料。经过修整的坯体称为成坯。第七步，用细麻线将成坯从木盘上面割下来，称为割坯。由于边旋转边切割，底外便产生一个割丝移动时所遗留的偏心涡纹。

用快轮成型的优越性，主要是速度快，效果好。据李文杰测定，制作一件较大的盆或钵需要五分钟，制作一件小罐只需要一分钟时间。因此，快轮成型大大提高了制陶的劳动生产率。用快轮制陶，技术比较复杂。陶工需要有熟练的技能和经验，才能胜任这项工作，所以快轮成型的普遍运用，也就意味着社会上开始出现了专业性的陶工。

屈家岭文化中，除快轮成型外，泥条盘筑法仍在继续使用，特别是一些体量比较大的陶器，还只能用泥条盘筑法成型。此外，少数不很规则的小陶器也仍然是用手直接捏制。

屈家岭文化的泥质陶器大多经过磨光，器形外观精致而美观，这说明慢轮修整工艺也比以前更加成熟。

(3) 烧制：屈家岭文化的陶窑保存下来的很少，即便有所发现，也是不完整的。青龙泉二期发现二座陶窑。其中 Y2 分窑室与火膛两部分，窑室在火膛之西，仅存圆盘形底部，西半部已残破，直径约 1 米。三条火道位于底部，两条围绕窑边缘呈弧形，一条居中，后部与火膛相接呈陡坡状，便于火力上升。火道之间残留一些陶片。火膛平面略呈椭圆形，底部东高西低呈斜坡状，长 1.2 米，宽约 0.6 米，深 0.3～0.5 米。窑内残留一些木炭、炭化竹片和烧土块等。火膛与窑室相接处有弧形顶盖，已塌落。窑室底部因长期经火烧烤，表面形成一层青灰色硬面，厚 6 厘米（图二三）。Y1 与 Y2 结构相同，窑室直径约 1.2 米。这两座窑由于破坏严重，窑室的上部结构已不可知。从火膛与窑室之间有弧形顶盖来看，其窑室周壁和顶部也可能呈弧形。这种形状的窑室显然是比较科学的，因为它更加牢固，也更容易密封。

屈家岭文化的陶器一般以灰色为主，黑色其次，红色占第三位。这一特点与大溪文化时期的陶器正好相反。灰陶的大量烧制说明陶窑的结构比过去更加合理，密封性能更好。因为灰陶器在窑内先要用氧化焰烧，然后再改用还原焰烧，如果窑室性能不好，这种转换便无法进行。屈家岭文化的灰陶绝大多数呈浅灰色，颜色比较纯正一致，说明当时窑工已能准确控制

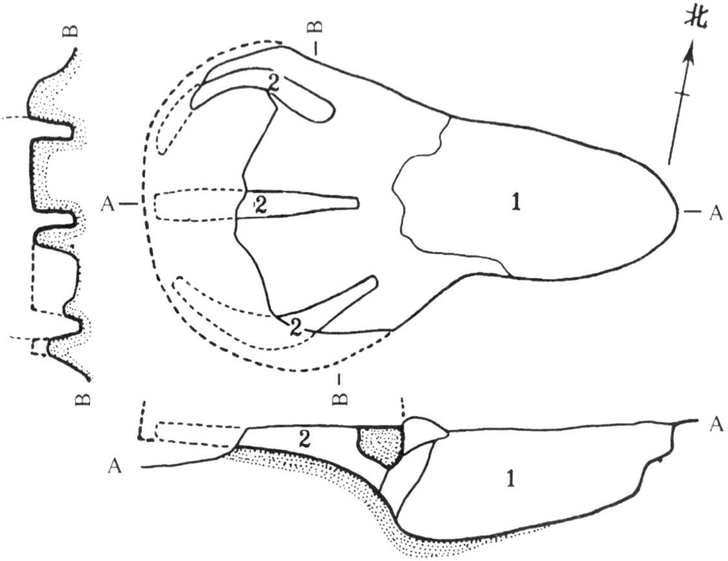

图二三　青龙泉遗址陶窑平、剖面图
1. 火膛　2. 火道

窑温和窑焰的变化。屈家岭文化的泥质黑陶器的质量也比过去高，黑陶是用渗炭工艺烧成的，大溪文化时期流行渗炭工艺，屈家岭文化继承和发展了这一工艺技术。大溪文化时期的渗炭方法有窑内渗炭和窑外渗炭两种，后一种方法比较原始。屈家岭文化只使用窑内渗炭工艺，由于窑温较高，渗炭比较彻底，所以屈家岭文化的黑陶器大多表里一色，坚实耐用。

（二）纺织手工业

笔者在《长江中游新石器时代文化概论》一书中，对屈家岭文化纺织手工业的发展情况作过简要的论述[8]。

纺织的出现是中国新石器时代社会经济发展和进步的重要标志之一，但是有关新石器时代纺织品的实物及形象资料发现得极少。1958 年在浙江省钱山漾良渚文化遗址中，首次发现了苎麻织品和丝织品[9]。丝织品有绢片、丝线和丝带。经鉴定，钱山漾的丝，纤维截面积为 40 平方微米，丝素截面呈三角形，全部为家蚕丝。绢是平纹组织，表面细致，经密 52.7 根/厘米，纬密 48 根/厘米[10]。据碳十四测定，钱山漾遗存的年代距今约 4700 年，与屈家岭文化相当。从钱山漾发现的麻丝织物看，当时的缫丝纺织技术已达到相当成熟的阶段。由此推测，在其之前，还应该有更长的发展过程。1978 年河姆渡文化中发现一只象牙盅，上面刻有四条蠕动的家蚕纹，同时还发现了纺织工具，如卷布木棍、骨机刀、木经轴和刻纹纺轮等[11]，其年代距今 7000 年左右，但肯定还不是最早的。

1984 年在河南荥阳青台村仰韶文化遗址中，也发现麻丝纺织品。丝织品除平纹织品外，还有浅绛色罗，组织十分稀疏[12]。该遗存的年代为距今 5500 年前，这是迄今为止北方发现最早的丝织品。

长江中游发现的新石器时代的纺织品，只有城头山古城址壕沟中出土的一块麻布。这块麻布为平纹结构，年代属大溪文化[13]。

屈家岭文化中至今尚未发现纺织品的实物及形象资料，但是却发现了大量纺轮，其中尤以彩陶纺轮最具特色，它不仅是原始文化艺术的反映，而且也是纺织手工业发展到一定阶段的产物。刘德银在《论江汉地区新石器时代出土的纺轮》[14]一文中，对各个时期的陶纺轮作过全面的比较和分析。从他的论述中，不仅可以了解长江中游原始纺织业的一些发展情况，而且可以看出，屈家岭文化的纺织水平明显高于以前各个时期。

城背溪文化纺轮：出于城背溪遗址，数量极少，这是长江中游目前所见年代最早的纺轮[15]。

大溪文化纺轮：可以分为三期。第一期相当于大溪文化早期，数量很少。主要特点是形体大而厚重，绝大多数为大中型，而以大型为主，直径多在 6 厘米以上，厚度在 1 厘米以上，重 60 克左右。质地为泥质红陶，少数磨光。第二期相当于大溪文化中期。仍以厚重和大中型为主，但数量和种类有所增加。质地以泥质红陶最多，少数夹有细砂，开始出现大型灰陶和黑陶纺轮，大都经过磨光，制作较为规整。第三期相当于大溪文化晚期，纺轮数量增多，以泥质黑陶为主，其次为泥质灰陶，红陶最少。大中型纺轮仍占主流，但其中有些已开始变薄，直径一般为 4.5～5.5 厘米，少数为小型纺轮，直径为 3 厘米左右。以上三期都不见彩陶纺轮。

屈家岭文化一期纺轮：数量较前大量增加，有泥质黑、灰、红、黄四种颜色，多羼有碎陶末或草末。形体以中型为主，直径 3～4.5 厘米，厚 0.7 厘米左右，大型或小型的均占少数，制作比较精致，外形轻而美观。屈家岭文化以前的纺轮，两面都是平的，仅侧边有些差别。屈家岭文化一期开始出现一面平，另一面呈凸弧形的纺轮，并且出现了彩陶纺轮，其色彩有橙黄、橙红等。纹彩一般绘于一面，少数在周边也绘彩。花纹图案比较简单，大多数为直线垂直四分纹，少数为弧线横竖垂直五分纹。花纹线条一般比较整齐平直（图二四，2）。

屈家岭文化二期纺轮：数量和质量都超过一期。形体以中小型为主，直径一般为 3～4 厘米，厚 0.5 厘米，形式有两面平和一面平一面弧凸之分。彩陶纺轮流行，纹饰丰富多彩。本期花纹线条趋于流畅，色彩增加黑褐色和红褐色，花纹图案除继续流行前期的以外，新增加的有漩涡纹、麻点纹、麻点对三

图二四 屈家岭文化彩陶纺轮

1、3～16. 屈家岭遗址出土 2. 邓家湾遗址出土

角纹、十字含麻点纹、同心弧线纹、扇面纹等（图二四，1、3～16；二五）。

将以上各个时期的纺轮进行对比，可以看出它们的变化及发展规律：第一，数量由少到多。第二，形体由大而厚重向小而轻薄变化。屈家岭文化以前，纺轮以大而厚重为主，屈家岭文化一期和二期，以中小型为主。第三，形式由单一的两面平向一面平和一面凸弧变化。第四，屈家岭文化以前没有彩陶纺轮。屈家岭文化一期开始出现彩陶纺轮，并在二期大量流行。以上各方面的特点虽然有渐变的过程，但也存在飞跃式的变化，这种飞跃式的变化主要出现在屈家岭文化一期。它说明，屈家岭文化时期纺织业进入了大发展时期，参照长江下游同期纺织业的水平，可以对长江中游屈家岭文化的纺织情况作出如下分析和推测。

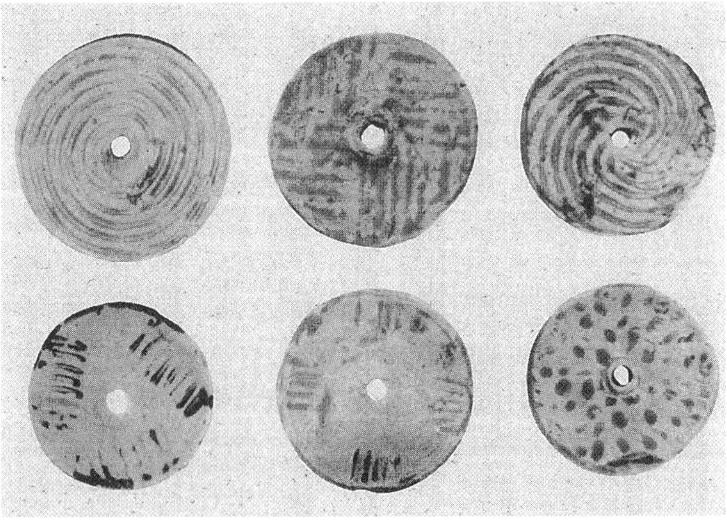

图二五　屈家岭遗址彩陶纺轮（引自《京山屈家岭》）

首先，纺轮直径大小和厚重程度的变化应与捻纺原料纤维的粗细有直接的和必然的联系。纺轮穿上捻杆组成纺坠，纺轮的直径和重量是决定纺坠转动惯量的主要因素。屈家岭文化以前流行大而厚重的纺轮，转动惯量大，适用于纺粗硬的纤维，成纱较粗。纤维的种类有葛、苎麻、大麻等，这些植物在自然界分布很广，古人对其纤维的使用价值早有认识。如江苏吴县草鞋山遗址发现的三块织物残片，是用葛纤维织成的[16]；钱山漾发现的三块织物残片，是用苎麻织成的；大麻织物虽未见报道，但郑州大河村遗址出土了不少大麻种子，说明仰韶文化时期豫中地区已可能有人工种植。由于这些植物纤维都含有胶质，捻纺时不用惯量大的纺坠是旋转不动的。屈家岭文化时期纺轮的直径明显变小，重量明显变轻，转动惯量也随之变小。据测算，屈家岭遗址纺轮的平均重量，早期为 38.2 克，晚期一为 21.7 克，晚期二为 14.7 克。平均转动惯量，早期为 107.2 克/平方厘米，晚期一为 49 克/平方厘米，晚期二为 32.2 克/平方厘米[17]。因此，屈家岭文化的纺轮适于纺经过加工处理的植物纤维，成纱较细。这说明当时人们在植物纤维的脱胶加工方面已有了较多的经验，例如用水沤渍和用木棒反复捶打都可以获得又细又柔软的纤维，用这样的细纤维纺捻，自然必须减轻纺轮的重量。总之，纺轮由重变轻，由大变小，和纺捻原料的种类及纤维由粗变细直接相关。而这些变化的结果，便是纺出更细的纱，织出更薄更密的布。由此推之，屈家岭文化时期，长江中游的先民在衣着方面，较之以前，必已有了很大的改善。

其次，从屈家岭文化纺轮出土的数量和形式花纹的丰富多彩可以推知，当时纺织已成为一种必不可少的家庭手工业。从车轱山、六合和走马岭等大溪文化晚期墓葬中依性别随葬石器或纺轮的情况，可以看出男耕女织的性别分工早已出现。但是纺织手工业的大发展，只是到屈家岭文化时期才出现的。因为织出较多的布，必须以能纺出较多的纱为前提，而此前纺轮的数量并不多，因而所能织出的布也一定很有限。屈家岭文化遗址中，纺轮是一种极易发现的遗物，说明纺织已不只是少数妇女的事情。彩陶纺轮的出现和流行，固然与人们的审美观念有关，但是也可能还有其他的社会原因，因为一种器物只有在人们大量需要，并且在人们的心目中显得比较重要时，才会有人肯花费力气去制作它和美化它。所以，彩陶纺轮的大量出现，从一定程度上反映了当时人们对纺织手工业的重视。彩陶纺轮的形式与花纹虽然很多，但是有规律，可分类，看来当时已有人专门生产，因为如果家家都去烧制，一则没有必要，二则不胜其烦，质量也不一定好。彩陶花纹大都与旋转有关，当纺坠旋转时，这些花纹便会随之变化，产生种种美感。

屈家岭文化中，以屈家岭和青龙泉两个类型中发现的纺轮最多，形式花纹也最丰富，因此这两个类型的纺织手工业在发展水平上也应高于其他类型。

（三）编织和漆器手工业

1. 编织手工业

编织是一种极其古老的传统手工业。据说美洲印第安人发明制陶，就是从在篮子表面涂泥烧烤而开始的。在城头山大溪文化壕沟的坡面发现许多护坡用的芦席，可见大溪文化时芦席的编织及使用量是很大的。类似的发现也出现在阴湘城。该城址的东侧有一条大溪文化时期的壕沟，大约从大溪文化晚期开始，这条壕沟就逐渐淤积，到屈家岭文化时期已完全淤满废弃。考古工作者从壕沟的堆积层中清理出大量丢弃的用品，其中有许多编织物，如芦席和竹箕之类。一些篾片的宽度还不足2毫米，编织十分精细，和现代民间的竹编没有什么两样。这些编织物的年代，有的属大溪文化，有的属屈家岭文化[18]。1987年石家河考古队在发掘谭家岭遗址中，于一座屈家岭文化的房内地面上，发现有大片的炭化芦席，芦席上面散置多件陶器，芦席的编法与城头山和阴湘城的完全相同[19]。类似的芦编痕迹，在青龙泉和黄楝树等遗址也发现很多。

2. 漆器手工业

中国的漆器制作有着悠久的历史，早在河姆渡文化时期，就已用漆髹涂木碗之类的生活用品。考古发现证实，长江中游在大溪文化和屈家岭文化时期，漆器的制作与使用已相当普遍。在阴湘城大溪文化壕沟的废弃物中，共发现三件漆器。第一件是大溪文化的笄，木质，残长7厘米，一端穿一圆孔，表面以红漆为地，再用黑漆画叶脉形的图案。第二件也属于大溪文化，形状像是箭杆，竹质，外表髹红漆。第三件是屈家岭文化的钺柄（图二六），形状有点像秦汉墓出土的木剑。柄为木质，在嵌入石钺的地方掏挖出很深的凹榫。握手的一端有细长的榫，说明原来装有饰品，另一端也应有端饰，可惜现在都已不存。钺柄全长59.5厘米，宽6.5厘米，厚0.8厘米。两侧有髹漆和装饰花纹，均以褐漆为地，花纹为几何形，刻于首端，花纹的凸出部分髹黑漆，握手处前后髹红漆。这件钺柄制作讲究，表面髹有三色漆，并有饰纹，当是该城酋长之类人物的用品，现收藏于荆州博物馆。它是我国迄今为止发现的最好

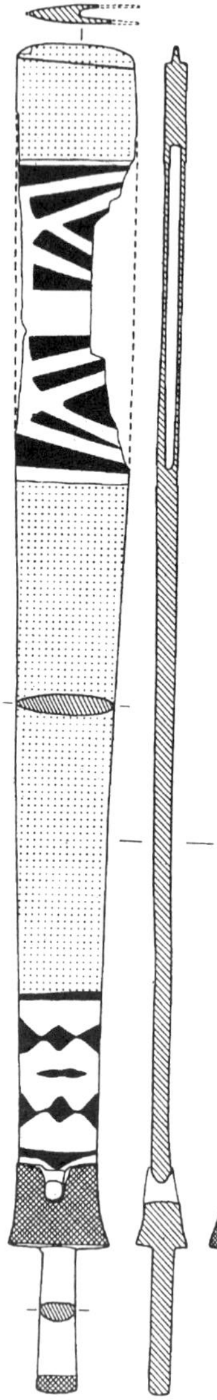

图二六 阴湘城遗址出土屈家岭文化漆钺柄

的一件史前漆器，距今约5000年。

注　释

[1] 严文明《稻作 陶器和都市的起源》序言，《稻作 陶器和都市的起源》3页，文物出版社2000年版。袁家荣《湖南道县玉蟾岩1万年以前的稻谷和陶器》，《稻作 陶器和都市的起源》31页，文物出版社2000年版。张驰《江西万年早期陶器和稻属植硅石遗存》，《稻作 陶器和都市的起源》43页，文物出版社2000年版。

[2] 俞伟超《中国早期的“模制法”制陶术》，《文物考古论集》，文物出版社1986年版。牟永抗《关于我国新石器时代制陶术的若干问题》，《考古学文化论集（二）》，文物出版社1989年版。

[3] 李文杰《城背溪文化的制陶工艺》，《中国历史博物馆馆刊》1993年第1期，又载于李文杰著《中国古代制陶工艺研究》，科学出版社1996年版。

[4] 李文杰《大溪文化的制陶工艺》，《中国古代制陶工艺研究》，科学出版社1996年版。

[5] 李文杰《屈家岭遗址第三次发掘遗存的制陶工艺和年代问题》，《中国历史博物馆馆刊》1994年第1期，又载于《中国古代制陶工艺研究》，科学出版社1996年版。

[6] 傣族制陶工艺联合考察小组《记云南傣族慢轮制陶工艺》，《考古》1977年第4期。

[7] 李文杰《湖北省枝江县传统的快轮制陶技术调查》，《中国古代制陶工艺研究》，科学出版社1996年版。

[8] 张绪球《长江中游新石器时代文化概论》206～212页，湖北科技出版社1992年版。

[9] 浙江省文物管理委员会《吴兴钱山漾遗址第一、二次发掘报告》，《考古学报》1966年第2期。

[10] 陈维稷主编《中国纺织科学技术史（古代部分）》，科学出版社1984年版。

[11] 河姆渡遗址考古队《浙江河姆渡遗址第二次发掘主要收获》，《文物》1980年第5期。

[12] 朱新予主编《中国丝绸史》4页，纺织工业出版社1992年版。

[13] 湖南省文物考古研究所编《湖南考古漫步》17页，湖南美术出版社1999

年版。
［14］刘德银《论江汉地区新石器时代出土的纺轮》，《湖北省考古学会论文选集（二）》，江汉考古编辑部 1991 年版。
［15］陈振裕、杨权喜《湖北宜都城背溪遗址》，《史前研究》1989 年辑刊。
［16］南京博物院《江苏草鞋山遗址》，《文物资料丛刊》第三集，文物出版社。
［17］陈维稷《中国纺织科学技术史（古代部分）》18 页，科学出版社 1984 年版。
［18］贾汉清等《荆州阴湘城遗址考古获重大收获》，《中国文物报》1998 年 7 月 1 日。
［19］石家河考古队发掘资料。

七 聚落形态

聚落形态（Settlement Pattern）是美国当代考古学最为常用的一个概念。聚落形态考古就是以聚落遗址为单位进行田野考古操作和研究的一种方法，所以也可以称之为聚落考古。80年代中期，张光直在北京大学讲学，比较全面地介绍了美国聚落考古的情况，对中国考古学界影响很大[1]。此后，中国考古学界逐渐自觉地运用聚落考古的方法，进行大规模的田野调查、发掘和研究，取得了许多突出的研究成果。例如著名的石家河古城，就是在这一方法的指导下，经过几年的考古调查与发掘才得到确认的。

对屈家岭文化聚落形态的研究，大致可分为两个阶段。前一阶段是从50年代到80年代中期，后一阶段是从80年代后期到现在。前一阶段考古工作者对聚落形态这个概念还不大了解，所以考古工作的重点一般是放在文化史方面。但是从探讨古代社会和恢复历史原貌这个总目标出发，他们在田野考古工作中，对各类遗迹现象还是给予了足够的重视，并积累了大量有关聚落形态的资料。例如60年代发掘的黄楝树居住院落，至今仍是研究屈家岭文化聚落形态最重要的资料之一。后一阶段的考古研究工作，主要是在聚落考古方法指导下进行的，所以时间虽然并不长，但取得的研究成果却不是过去三十多年所能相比的。其中最为突出的成果就是长江中游九座屈家岭文化城址的发现和研究。

下面对四十多年来屈家岭文化聚落遗迹的发现情况作一简单的综述，主要内容包括房屋、墓葬、环城聚落等方面，同时对由此反映出来的社会组织形态也进行一些必要的探讨。

（一）房屋

房屋是聚落遗存中最为复杂的遗迹现象，同时也是研究当时社会组织形态最重要的资料。严文明在《仰韶房屋和聚落形态研究》一书中，通过对仰韶文化四百多座房屋基址的综合分析，不仅揭示了仰韶文化房屋建筑由低级向高级、由简单到复杂的发展变化过程，而且研究了引起这些变化的社会原因。他的这本论著，可以看作是用聚落考古方法研究史前房屋的一个范例[2]。

屈家岭文化中发现的房屋遗迹有六十多座，其中比较重要的有：黄楝树二十五座，肖家屋脊七座，青龙泉四座，走马岭二座，谭家岭、城头山、宋家台、门板湾、阴湘城等遗址也都有发现。这些发现中，有些资料已正式发表，但也有一些只作了简单的报道，有的甚至都没有报道。与仰韶文化相比，房数远没有那么多，保存的情况一般也没有那么好。这主要是因为南方雨水较多，土质又多黏性，房屋一旦废弃便很容易毁坏。尽管如此，屈家岭文化的房屋遗迹中，亦不乏平面关系和建筑结构比较清楚者，个别房屋的保存情况之好甚至超过任何地区史前文化的房屋。只要注意研究，还是可以从中发现许多重要信息的。

屈家岭文化的房屋，按形态可以分为单间、双间和多间三类。

1. 单间房屋

见于发掘报告的单间房屋，黄楝树有十七座，青龙泉有三座，谭家岭有二座，走马岭有二座。

青龙泉Ⅱ区 F1（图二七）[3]：平面呈长方形，东西长 4.3 米，南北宽 2.76～3 米，面积约 13 平方米。南墙和北墙保存较好，门向东北。建筑方法是：先在墙基下部开挖长条形沟槽，内填红烧土块。墙壁以木柱为骨，竖于沟槽上。木柱之间用竹木编排，再以黏土羼和烧土碎块，由内外堆筑成墙。墙表面抹一层厚0.5 厘米的细泥，并用火烧烤。室内地面先垫一层烧土块，厚约 10 厘米，与沟槽内所填的烧土块连成一片，再在上面铺一层青沙土，厚 4～7 厘米，亦经火烧烤，形成坚固而干燥的房基面。居住面是在房基面上，用细泥涂抹而成，厚 3～6 厘米，同样经火烧烤，质地坚硬，呈橙红色或青灰色。室内紧靠北墙西部有一个灶台，三边围以矮墙。灶内残留陶罐碎片和一件石锛。居住面上遗有夹砂灰陶缸、细泥红陶豆、圈足小罐等残片和一件石斧。这座房子比较小，室内无支撑房顶的立柱，可能采用一面坡式的房顶结构。

黄楝树 F27（图二八）[4]：位于该聚落东排房的西南部，东西长 3.36 米，南北残宽 3.4 米。墙的做法和青龙泉Ⅱ区 F1 相似。室内地基用红烧土铺垫砸平，表层为白灰面。火塘设在房的东北隅。室内西北部地面上遗留石斧和砺石。房子的门道已不存在，但房外东北 0.2 米处筑有一座露天灶。

谭家岭 F1（图二九）[5]：长 4.36 米，宽 3.46 米，墙宽 0.32 米左右，未发现柱洞。室内地基用红烧土铺垫，表面抹平，经过烧烤。室内偏东南角有一灶塘，房内铺有芦席，已经

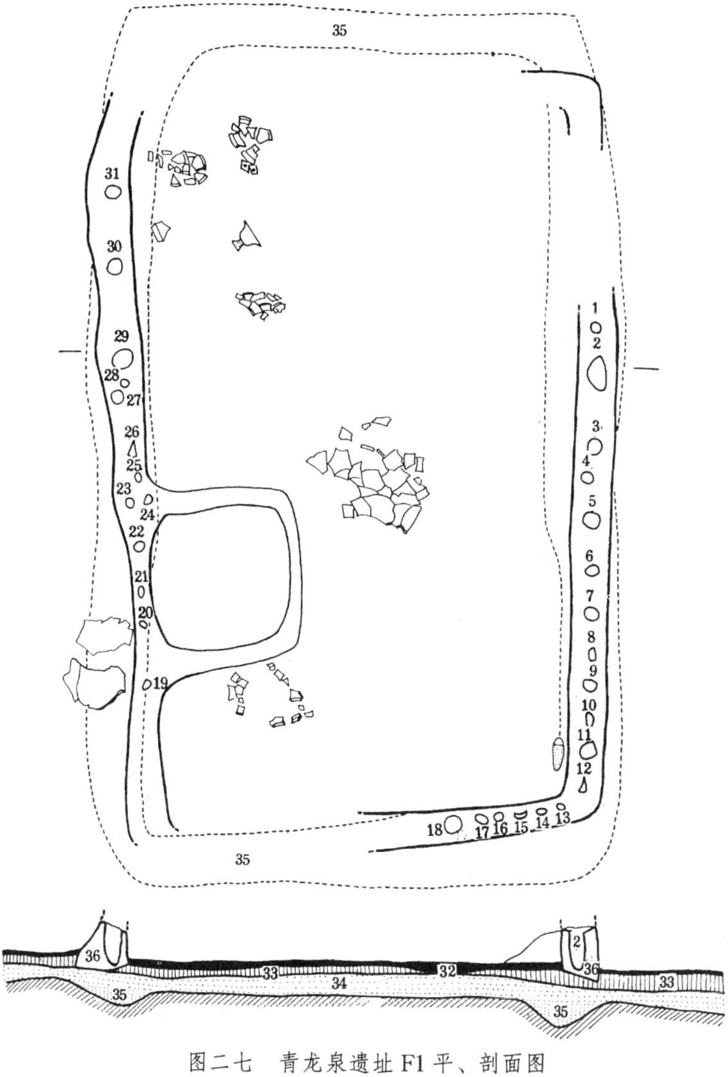

图二七　青龙泉遗址 F1 平、剖面图

1～31. 柱洞　32. 居住面　33. 青砂土　34. 烧土　35. 沟槽　36. 墙

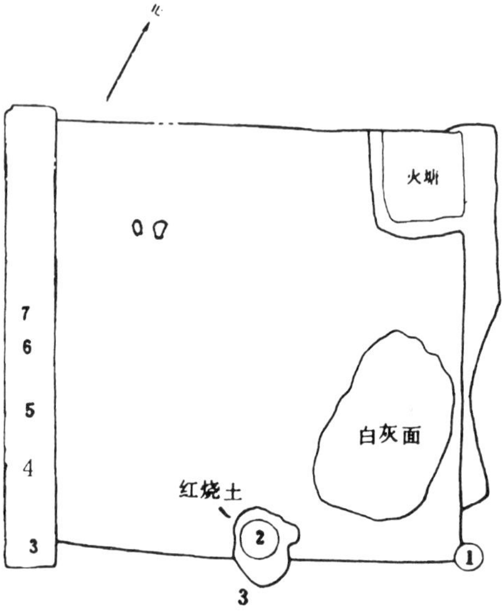

图二八　黄楝树遗址 F27 平面图

1～7. 柱洞

炭化。室内遗留十件陶器。灶的西侧有二件缸，并有罐、双腹碗、双腹豆、盖各一件，灶东侧有纺轮、盖和一段碎骨，灶上有高领罐、盆各一件。陶器大多被烧红。房的东侧和北侧各有一个门道。从房内有成套被烧红的生活用陶器以及炭化芦席看，这座房子是因火灾而废弃的。

以上三座单间房子大致可以代表一般单间房子的特点。它们的主要特点是：面积都在十多平方米，均属于小房子，形状都是方形或长方形。室内地基都用烧土块铺垫，表面抹平，并经火烧烤，黄楝树有的地面铺筑白灰面，这是从仰韶文化沿袭下来的做法。墙的筑法一般是先开沟槽，铺垫红烧土块，再筑木骨泥墙，但也有个别房屋墙内无木柱。绝大多数房内都有灶。

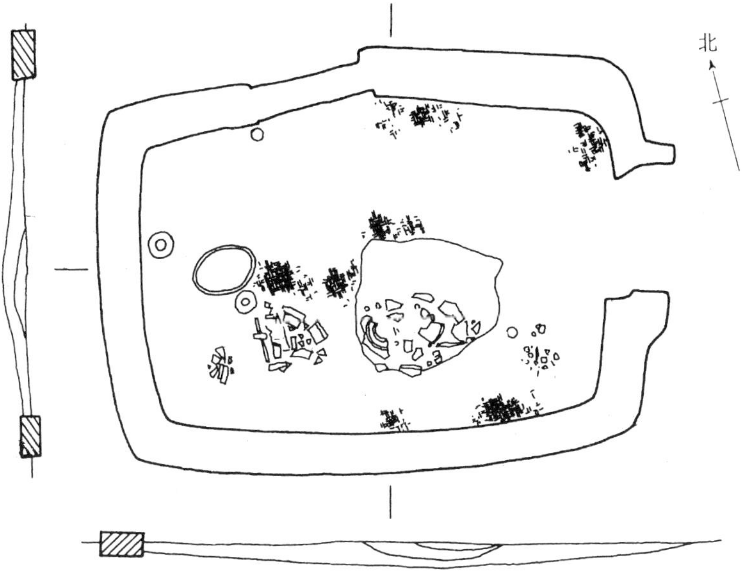

图二九　谭家岭遗址 F1 平、剖面图

2. 双间房屋

此类房屋，黄楝树有八座，青龙泉有一座，城头山有一座，肖家屋脊可能有好几座，但比较清楚的只有二座。

青龙泉 F6（图三〇）[6]：年代属屈家岭文化一期。这是一座长方形双间房屋，房基高出周围地面 0.3 米，房基保存较好，在南室东边墙基下，发现一具完整的猪骨架，应为奠基而用。F6 西边有一片烧土，面积有 400 余平方米，房屋全长 13.85 米，东西宽约 5.4 米，面积约 75 平方米。房屋中间以一道隔墙将其分为南、北两室，两室之间不通，两室东侧各开一门。墙壁比较整齐，是用黄黏土、红黏土羼合烧土块垒成的，厚0.5～0.6米。墙壁是在烧土地面上起建，底无沟槽，亦

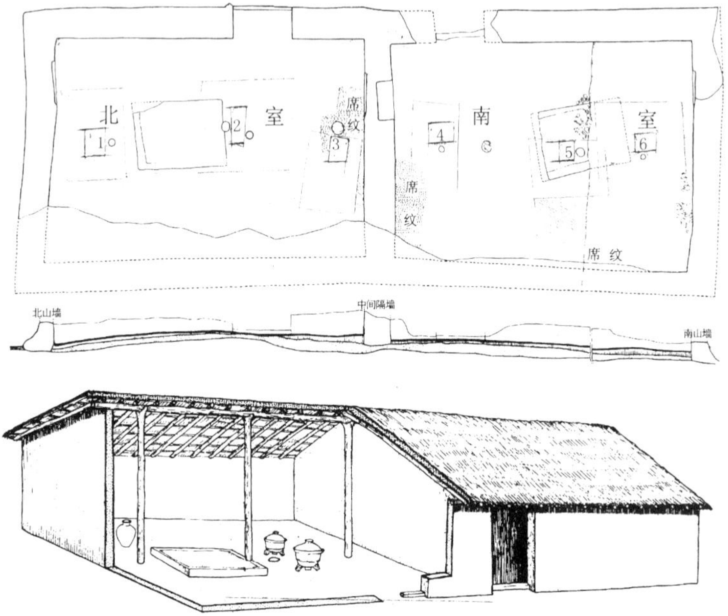

图三〇 青龙泉遗址 F6 平、剖面图及复原图

1～6. 柱洞

无柱洞。墙的内外壁均抹一层羼有稻壳的细泥，厚约 2 厘米，并经火烧烤，呈红灰色或灰黄色，质地坚硬。两室居住面中部各有三个圆形柱洞，南北向排列。这些柱洞依位置推测，应是以立柱支撑房顶的。室内地基用红烧土铺垫，居住面是一层绿沙土，表面整治光平，并经火烧烤，呈浅黄色。在墙壁两侧及南室西南角的居住面上，有成片的芦席痕迹。两室中部各有一个长方形的烧土台子，土台一边及面上有柱洞，并放有器物。烧土台上面无灰烬，因此它们不是烧火的灶台，而可能是放置饮食器和炊器的地方。在两室烧土台附近埋有一件火种罐。居

住面上遗留陶、石、骨器及象牙梳等生活用具、生产工具及装饰品三十余件。

根据发现的遗迹现象，可大致复原这座房屋。它是一个中间带有隔墙的长方形中等房子，四周有厚实的墙壁，门向东北，中间有六根木柱支撑房顶，顶为中间起脊的两面坡形式，房顶用草木搭建。

黄楝树 F11（图三一）[7]：这是一座有两个房门和一个过道门的双间房。房屋长 8.12 米，宽 4.18～4.25 米。建筑方法是先挖一个和房屋面积相等的基槽，在基槽的中部再横挖一道小槽，筑起隔墙，把房屋分成东、西两室。周围的墙壁沿着基槽边建成。在房基的四壁、隔墙和室内发现三十五个柱洞和五个土柱础。四壁的柱洞沿着墙壁的外侧排列成线。室内柱子是为支撑屋顶而设的，四面墙壁残高 0.3 米，是以木柱为骨架，用红烧土加草拌泥筑成的。室内地面是在立柱、筑墙之后铺垫的，铺垫时先在下面铺一层黄土和细砂（这种黄土黏性很强，与砂羼和后甚为坚硬），然后在上面再涂抹一层厚约 5 厘米的白灰面。房子的西室有两个对外的门，东室有一个对外的门，隔墙的北侧有门相通。西室的东南角和东室的东北角各有一个火塘，塘内堆满灰烬。

室内发现有较完整的陶、石、骨器七十三件，其中有石斧、石镞、石镰、石球、骨镞、陶纺轮和部分陶器，均出自填土中，其原因和意义不明。有三十多件器物分布在居住面上，这些物品大致分为五组：第一组七件，位于西室西北角，有罐、彩陶壶形器、瓮、豆、器盖。第二组五件，位于西室火塘北面，有带盖鼎、碗、钵、彩陶壶、杯，钵内盛有稻谷。第三组八件，位于东室西北角，有石镰、陶纺轮、石球、陶豆、陶

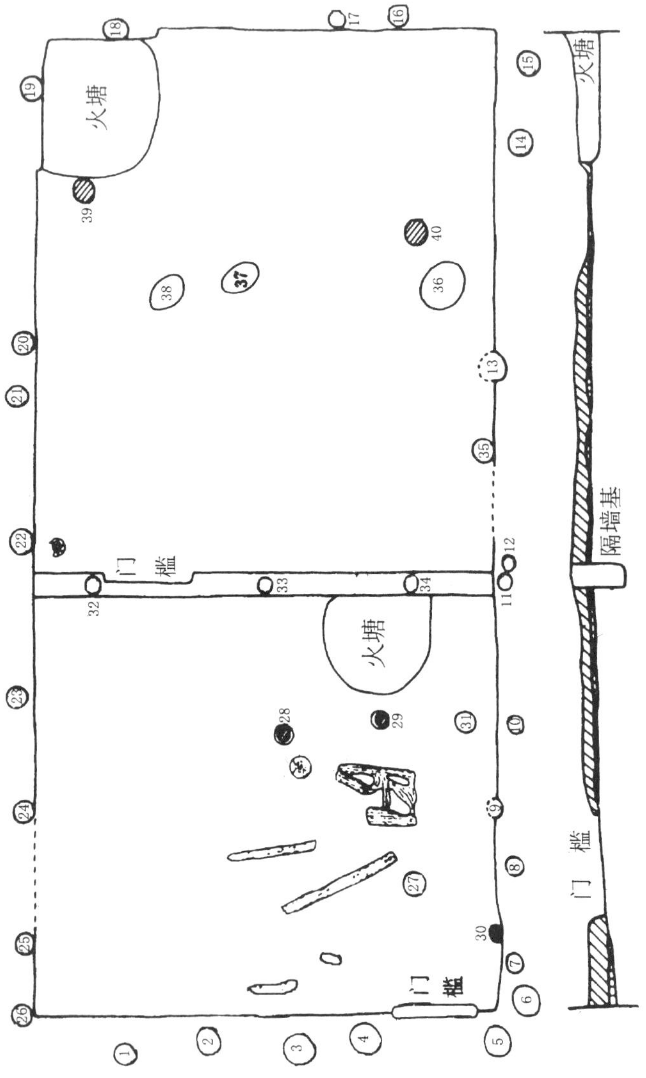

图三一 黄楝树遗址F11平、剖面图
1～40. 柱洞和柱础

杯。第四组五件，位于东室东南角，有杯、骨针、器盖。第五组二件，位于东室火塘南侧，有碗、豆。在室内所出物品中，有些石器被火烧裂，大多数陶器被烧碎，白灰面亦被烧坏。这些迹象表明，此座房屋是经历一场大火而被废弃的，因此室内地面的器物保留在原来的位置上。据对室内出土木炭所做的碳十四测定数据，其年代距今约 4730 年[8]。

肖家屋脊 F1（图三二）[9]：这是肖家屋脊七座房基中保存较好的一座，南北长 8.65 米，宽 3.5 米，分前、后两室，中间有隔墙，根据柱洞的间距推测，两室间应有通道。前室门道比较清楚，位于南墙基中部。共发现一百零三个柱洞，其中五个位于前室内，其余皆密集地分布在东、西、南三面墙基内。这三面墙应为木骨泥墙。北墙厚而未发现柱洞，可能为土筑墙。室内用红烧土铺垫，但因破坏严重，居住面及室内设施已无法了解。

在城头山发现的一座双间房，据报道，面积有 40 余平方米，分前、后室，前为居室，后为带有四个灶眼的灶房[10]。

3. 多间房屋

近年来在城头山、门板湾、宋家台、阴湘城等遗址中，揭露出一些多间房屋，数量虽不多，但十分重要。

门板湾 F1（图三三）：资料见于《应城门板湾遗址发掘获重大成果》[11]和《应城门板湾遗址大型房屋建筑》[12]，两篇报道的数字略有出入，当以后者为准。该房屋原建于一条南北向的岗地上。据试掘得知，这条岗地上有许多房址，F1 只是其中的一座。屈家岭文化时，大概是由于筑城用地的需要，居民主动搬离了此处。房屋废弃后，迅即被西城垣的堆土掩埋覆盖，房子因而得以保存。F1房间朝南，墙体保存很好，最

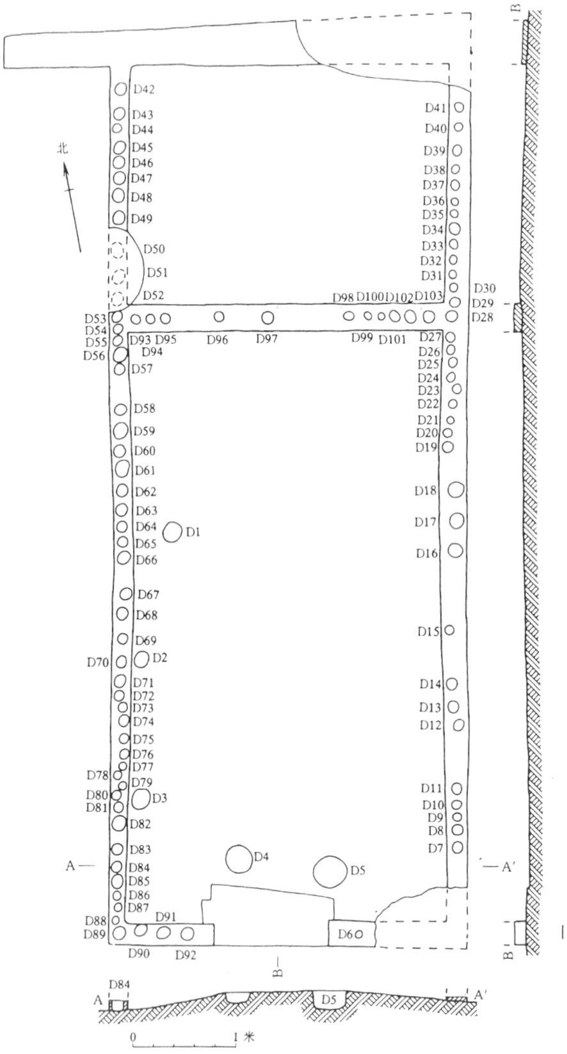

图三二 肖家屋脊遗址F1平、剖面图

D1～D103. 柱洞

图三三　门板湾遗址F1（由东北向西南
引自《江汉考古》2000年第1期）

高处达2.2米，平均高度亦有1.5米。该房面阔四间，自东向西分为四个室。中间的Ⅱ、Ⅲ室面积较大，平面呈方形，使用面积17平方米，两室面积几乎相等。旁边的两室较小，平面为长方形，西边的Ⅳ室大于东边的Ⅰ室。Ⅱ至Ⅳ室北墙外有内走廊，Ⅰ室和走廊外均有散水。整座房屋面阔16.5米，宽7米，建筑总面积115.5平方米。此外在距Ⅰ室东墙外5.8米处发现有围墙遗迹。

F1墙体较厚，但不均匀，一般厚度为40～50厘米，最厚处达60厘米，墙内外均抹有黄白色涂料。室内涂层较厚，室外涂层较薄，墙面涂层中夹杂有大量稻草和谷壳。从墙体剖面观察，墙体是用土坯砌筑而成，土坯长35～44厘米、宽17～

25 厘米、厚 5～7 厘米。

整座房共有九个门，分别开在北墙、西墙、走廊外墙及各室山墙上。门上部均已坍塌，结构不明，门宽 75～80 厘米，走廊东端门最宽。共有七个窗子，其中六个开在南墙上，一个开在北墙上。南墙的六个窗子中，除Ⅰ室为小扁窗外，其余五个均为落地式大窗，大小皆相似。Ⅱ室两窗保存得最为完好，有窗楣、窗台、窗框及一些细部结构。值得一提的是，在窗框凹槽内还发现了一件用作垫窗轴的臼状圆形小石块。落地窗通高 86 厘米，宽 88～96 厘米，窗台距室内居住面 6～10 厘米。

除Ⅰ室外，其余三室各有一个火塘。中间两个大室的火塘皆位于室内中部偏北，一为方形，一为长方形，面积约 1 平方米。Ⅳ室火塘呈椭圆形，紧挨西墙。

室内居住面用红烧土铺筑，光滑平整，地面亦抹有黄色涂层，并经过多次垫平，局部可见芦席铺地的痕迹。四室地面不在一个水平面上，Ⅰ室最低，Ⅰ室与Ⅱ室之间有台阶式门槛，Ⅱ室、Ⅲ室在一个平面上，Ⅳ室又低于Ⅲ室 6 厘米。

F1 为台上建筑，居住面高出周围地面 40～50 厘米。筑墙先开挖基槽，基槽内亦以土坯砌墙基。

该房在建筑设计和建筑技术上有许多先进之处：整座房建于土台上，有利于防潮。居室安排在南面，并开有大窗，便于通风取暖。北面设内走廊，冬季可以阻隔寒风。用土坯做墙是一种新的建筑方法，比木骨泥墙更为坚实保温，直到近现代，农村仍在继续使用。类似的土坯墙，在谭家岭屈家岭文化房屋中亦有发现。

宋家台多间房屋：简况见于《湖南考古漫步》[13]。这是目前在屈家岭文化中发现的最大的一座多间房，总建筑面积达

300 平方米。其居室为南北两列，每列各有四间房，彼此相连，每间房的面积达 38 平方米。门均向南。两列房中间为一东西向走道。两侧挖沟用以排水。室内房基用红烧土铺垫，厚度视原始地貌而定，从 10 到 60 厘米不等。

城头山多间房屋：简况亦见于《湖南考古漫步》[14]。房址位于城址中央偏西的位置，中间为走廊，两侧为面积仅 3～4 平方米的多间小房，房内无器物也无灶坑火塘。

此外，在阴湘城遗址也发现了多间房屋。

4. 房屋的功能及所反映的社会组织形态

房屋的大小和开间的多少，不仅与建筑技术有关，而且与家庭人口的数量和辈分结构等情况有联系。

单间房屋面积不大，室内有灶，表明这类房子的居住对象是对偶家庭，其成员或者是一对年轻的夫妇，或者另外还有一个年幼的小孩。

双间房的结构适于居住一对成年人和其他不便于住在同一个房间的家庭成员，例如老人或年龄较大的小孩等。前面例举的三座双间房，依面积和质量又可分为两种类型。一种类型以青龙泉 F6 为代表，其面积达到 75 平方米。墙基下用猪奠基，墙体宽厚规整，室内设有土台，遗留的物品中有象牙梳子。这些迹象表明，居住者不会是氏族公社的一般成员，而很可能是族长一类的人物。有点不好理解的是室内没有灶塘，这或许是因为炊事另有地方或有他人安排，故无需在室内设置灶塘。另一种类型以黄楝树 F11 和肖家屋脊 F1 为代表，面积一般在 30 平方米左右，有木骨泥墙，建筑质量远不如前一种类型。从黄楝树 F11 两室都有火塘，所遗物品又有好几堆等情况分析，其居住者可能是有四至五口人的普通氏族成员家庭。由于双间房里除生活用具和生产工具外，并无储藏室等设施，因此这种家庭还不能说是一个独立的生产及消费单位。

多间房屋的情况比较复杂。先说门板湾 F1，李桃元在《应城门板湾大型房屋建筑》一文中认为，门板湾门窗的设置体现出各室有不同的使用功能。“Ⅰ室仅有一门与Ⅱ室通，南墙上设一小窗，而Ⅳ室与Ⅰ室面积差不多，却有两窗，除东墙有一门联通Ⅲ室外，西墙上还有一门通室外，这种结构上的差异表明Ⅰ室在使用上是有区别的，其功能也显然不同。”李桃元的这些看法是正确的，但还可以作进一步分析。从这座房子室室相通，又有走廊连接，以及自成院落等情况看，这应该是一个大家庭居住的地方。Ⅱ至Ⅳ室各有火塘，窗子比较大，说明都是住人的房间。Ⅱ、Ⅲ两室面积大，居住面高于Ⅳ室，灶塘也比较大，显然是主居室。Ⅰ室面积最小，居住面最低，无火塘，又无独立的出入门道，显然不是住人的。从整座房屋应该具备的使用功能分析，Ⅰ室很可能是一间储藏室。可惜在房屋废弃前，房主已将物品主动转移他处，但现在已无法证实。根据以上分析大致可以推测：这个大家庭大约有三代人。第一、二代分别住在Ⅱ、Ⅲ室，第三代住在Ⅳ室，这个室同时也可兼作全家的起居活动室。从这家有独立的储藏室，并且房屋质量也相当好等情况看，这已不是简单的对偶家庭，而是有着自己独立经济来源的家庭了。

门板湾 F1 建筑规模大，结构复杂，保存又好，是新石器时代房居的一次重要发现，为研究屈家岭文化的建筑水平以及当时的家庭形态，提供了珍贵的资料。

宋家台的多间大房屋，虽然未见到详细报告，但总面积达到 300 平方米，面积为 38 平方米的房间就有八个。如此巨大的建筑，显然已超出家庭的需要，而只能与家族的居住形态相联系。

至于城头山的多间房屋，由于每个小房间的面积只有3～4平方米，房内既无器物也无火塘，因此发掘者认为，它们“显然是作为对偶家庭使用，而不构成独立的经济单位”。

在分析三类房屋的功能及其所反映的社会组织形态的同时，对房屋布局特点的研究也不可忽视。在这方面，黄楝树的屈家岭文化院落最能说明问题。该院落现存房基共有二十五座（图三四）。其中F28在庭院的中南部，F18和F31构成庭院西南部的两个拐角，其余二十二座分别组成庭院的北、东两排房。北排房为西北东南向，有房基五座；东排房为东北西南向，有房基十七座。这些房基分单间和双间两种，其中F7、F8、F9、F11、F12、F18、F31为双间房，余为单间房。房基的排列较整齐，房与房的间距甚为紧密。虽然多数房基有打破或叠压现象，但各房基内出土的遗物大致相同，故属于同一时代的遗迹。黄楝树的院落已不完整，推测其原来的布局是呈凹字形或口字形。这种布局带有明显的凝聚性和封闭性。院落的规模大概相当于一个较小的氏族公社聚落。院落中只有单间房和双间房，说明其内部分化尚不明显。房屋虽然大部分都有打破或叠压关系，但是排列得仍很整齐。严文明认为：“这种情况，应该被认为是氏族组织性和集体观念的一种体现。家庭虽然越来越表现其独立性，但毕竟还是脆弱的，还不能离开氏族公社而存在，因而在住房布局上采取了上述的形式。”[15]相比之下，门板湾和宋家台一类的多间房屋，与周围其他房屋的关系就没有这样紧密。这或许可以说明，在南方某些中心聚落中，家庭和家族的独立性已有了新的发展。

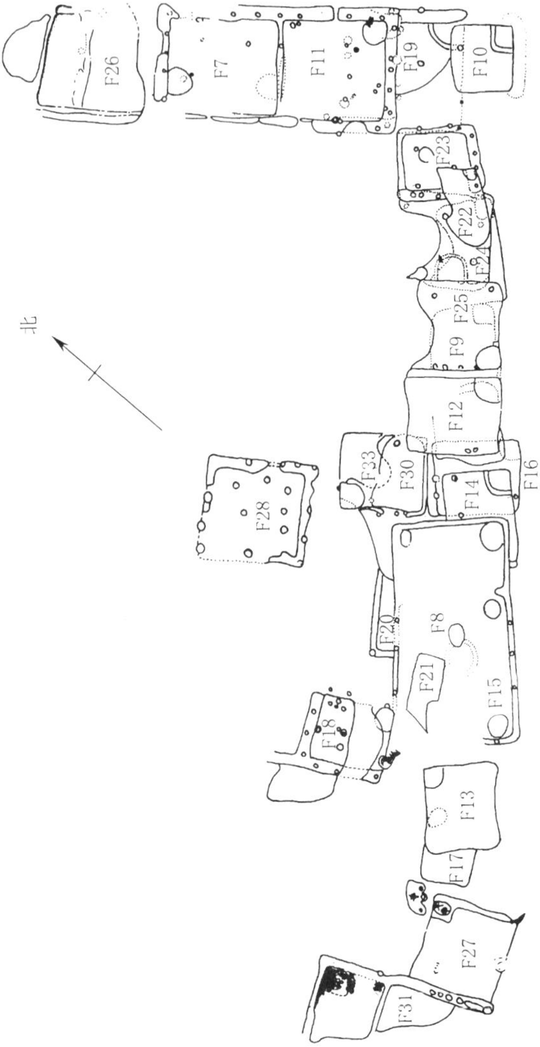

图三四　黄楝树遗址屈家岭文化院落平面图

F7～F28、F30、F31、F33.房屋

（二）墓葬

在史前聚落遗存中，墓葬也是一种重要的遗迹现象。墓葬的形态，主要包括墓地的布局、墓葬的形制、埋葬的习俗和随葬品的放置等内容。墓葬的特点实际上是死者生前地位及社会关系的真实反映，所以在聚落考古中，对墓葬不可不详细考察。

1. 墓葬的考古发现

据对肖家屋脊等十四处遗址所作的大略统计，屈家岭文化已发现墓葬约一千座（见统计表）。在这些墓葬中，土坑墓略多于瓮棺葬。墓葬在遗址中的分布情况，大概可分为三类：

第一类：大型集中埋葬。这类墓地只有城头山和车轱山两处，资料没有正式公布，其显著特点是墓地规模大和墓葬分布密集。大型墓地的形成需要经历很长的时间，如车轱山墓地一共分为四期，城头山墓地据说也可追溯到大溪文化时期。在聚落内部若是没有很强的凝聚力，这样的墓地是形不成的。现在尚不知道，这两处大型墓地是否还有分区或分组埋葬的现象，这对于分析该聚落的组织结构是十分必要的。

第二类：小型分区埋葬。这类墓地最多，以肖家屋脊最有代表性。在该遗址的发掘范围里共发现三个墓地，分别位于遗址的南部、东南部和西北部。三个墓地的起始和延续时间相同，都是从屈家岭文化二期到石家河文化早期。南部墓地因取土被破坏，已不完整，共发现土坑墓十七座，其中有六座属屈家岭文化。东南墓地共发现土坑墓十八座，其中有十六座属屈家岭文化。西北墓地也发现土坑墓十八座，其中有十一座属

屈家岭文化部分遗址墓葬数量统计表

遗址名称	墓葬总数	土坑墓数	瓮棺葬数	资料来源
黄楝树	38	18	20	《河南淅川黄楝树遗址发掘报告》
肖家屋脊	42	37	5	《肖家屋脊》
青龙泉	13	6	7	《青龙泉与大寺》
下王岗	6	3	3	《淅川下王岗》
走马岭	10	10		《湖北石首市走马岭新石器时代遗址发掘简报》，1992年发掘资料
关庙山	近100		近100	《湖北枝江县关庙山新石器时代遗址发掘简报》
城头山	近500	未公布	未公布	《湖南考古漫步》
六合（晚期）	12	6	6	《钟祥六合遗址》
邓家湾	67	52	15	《湖北石河遗址群1987年发掘简报》、《邓家湾》《天门邓家湾遗址1987年春发掘简报》
曹家楼	12		12	《湖北宜城曹家楼新石器时代遗址》
三元宫	19	19		《澧县梦溪三元宫》
划城岗（中二期）	5	3	2	《安乡划城岗新石器时代遗址》
高坎垅（三期）	27	27		《怀化高坎垅新石器时代遗址》
车轱山（三至四期）	100多	100多		《华容车轱山新石器时代遗址第一次发掘简报》和第二次发掘部分（未发表）

屈家岭文化[16]。三处墓地之间有较大的距离，并各有自己的中心范围，因而是各自独立的。但是三处墓地又都是同时期

的，并都分布在同一个聚落中，埋葬方式和随葬物品也基本相同，因而它们之间又有着密切的联系。三个墓地很可能都是家族墓地，并分别属于同一个氏族公社下的三个家族所有。

走马岭、黄楝树、六合、三元宫等遗址也发现一些小型集中埋葬的墓地。这些墓地也应具有家族性质，其共同特点是规模不大，但墓葬分布较密集。在较大的聚落遗址中，这样的家族墓地不会只有一处，其实际分区埋葬情况，很可能都和肖家屋脊相似，只是因为发掘面积太小，或遗址遭到破坏，没有全部揭露出来而已。

第三类：零星分散埋葬。这种埋葬现象在许多遗址中都存在，如青龙泉有六座土坑墓，分别埋在三个发掘区里，头向不一致[17]；黄楝树的墓葬大多数也分布得比较分散。这种埋葬方法大概是对前两种埋葬方法的某种补充，其原因可能与氏族公社组织本身的日益松散或非正常死亡有关。

2. 土坑墓的埋葬情况

（1）墓葬形制：比较清楚的墓坑基本上都是土坑竖穴。以肖家屋脊为例，多数墓坑四壁较直，底部平整，有的墓口稍大于底。墓坑大小不一，成人墓坑一般长约2.1～2.7米，个别墓如M58，长度达到3.26米，宽度大多在0.5～0.9米之间，个别墓宽度达到1.5米以上，墓坑深度多在0.2～0.3米之间。因墓口被扰或不易找寻，有些墓葬经多次铲平才能发现，故实际要深得多。在屈家岭文化中，至今尚未发现特大型的墓葬。

绝大多数墓葬未发现葬具痕迹，但是至少有一部分墓葬原来是有葬具的。例如肖家屋脊M29，在墓坑内还有一个长方形的小浅坑，浅坑和墓坑不平行，浅坑中有人骨架，并有黑色淤泥，这种长方形的小浅坑当是葬具腐朽后而形成的[18]。在肖家屋脊和邓家湾墓地中，类似的葬具痕迹还发现不少（图三五）。另外，有些墓葬的底部普遍都有熟土二层台。这种二层台实际上就是葬具和墓坑的间隙。有的墓底还有葬具腐烂的痕迹。

青龙泉和黄楝树遗址中的少数墓有腰坑，内置随葬物品或埋葬婴儿。

（2）葬式：从墓葬中的人骨观察，土坑墓的墓主主要是成年人，但也有少数是未成年人。一次葬的墓中，绝大多数都为单人仰身直肢葬。单人二次葬比较普遍，人骨一般也是按仰身直肢葬的位置安放。屈肢葬仅见个别的例子，在黄楝树和屈家岭晚期二各发现一座。黄楝树 M1 被 F3 叠压，无随葬品，墓主为仰身屈肢葬，头向也与其他墓不一致[19]。屈家岭晚期二发现的一座墓的情况也相似。这种葬法可能属于非正常性的

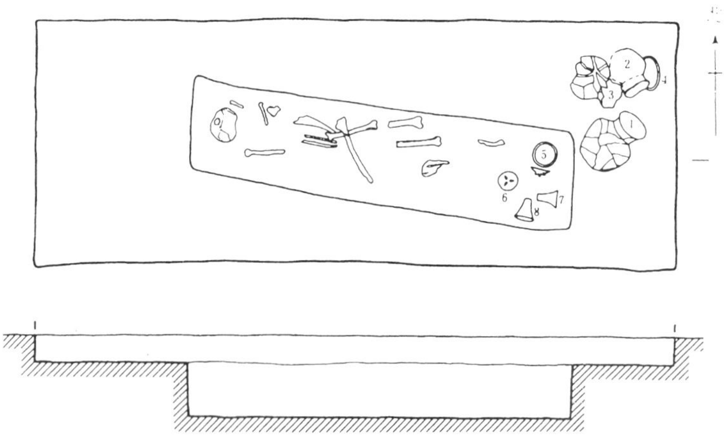

图三五　肖家屋脊遗址 M29 平、剖面图

1～4. 高领罐　5. 鼎　6. 鼎盖　7、8. 斜腹杯

埋葬。合葬墓极少，仅在黄楝树和下王岗个别墓中有发现。黄楝树有三座母子合葬墓，其葬法是：成年妇女皆为仰身直肢，腰部下面有小坑，用瓮棺葬小孩，这种葬法可能是因妇女难产导致母子死亡而采用。在下王岗 M704 发现一男一女和两个小孩合葬在一起，男子 40～50 岁，女子 40～45 岁，小孩大约都在两岁以下，四人均为一次葬。这座墓坑的形状近似圆形，与一般不同，男子仰身俯首，女子横压在男子身上，也很特殊。推测该墓的死者可能是一家人，他们当是因为某种意外而导致全家非正常死亡，故而采用了这种特殊的埋葬方法[20]。

（3）随葬品情况：绝大多数土坑墓都有随葬品，随葬品一般置于足端，也有少数置于头端的。青龙泉 M45 比较特殊，在人骨下面有圆形小腰坑，内置两件陶器（图三六）[21]。随葬品的种类以日用陶器为主，石器工具较少，玉石等装饰品只是个别的。墓中随葬品的种类主要因地域类型的不同而表现出某

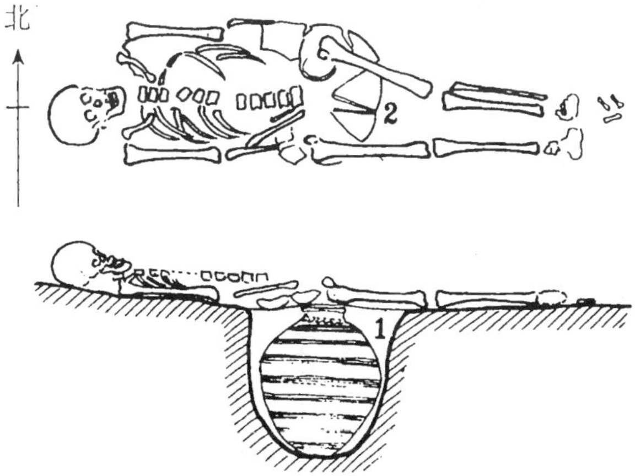

图三六　青龙泉遗址 M45 平、剖面图

1. 高领罐　2. 碗

些差别。屈家岭类型的墓葬只随葬陶器，青龙泉、三元宫类型的墓葬一般也都随葬陶器，只有个别墓随葬少量装饰品。高坎垅墓地比较特殊，随葬品中不仅有陶器而且有石器和玉器，可能与当地的文化传统有关。在数量方面，遗址间也有一些差别。黄楝树墓地的随葬品最少，在十八座土坑墓中，仅有四座墓随葬一至二件陶器及粗糙的装饰品，其他墓葬都是一无所有。城头山、高坎垅等墓地的随葬品最多，但在同一墓地的不同墓葬之间，随葬品的质量和数量一般没有太大的悬殊，只有城头山 M425 随葬陶器一百多件，明显多于其他墓[22]。

3. 瓮棺葬的埋葬情况

屈家岭文化的瓮棺葬是专门用于埋葬婴幼儿的一种埋葬方法。在大多数遗址中，瓮棺葬的分布比较分散，但也有集中埋葬的现象，例如关庙山和城头山，瓮棺葬就非常集中。关庙山仅在 5×5 米的 T8 一个探方中，就发现瓮棺葬四十座，并有八例打破关系[23]。城头山瓮棺葬密集的程度和关庙山差不多(图三七)[24]。

瓮棺葬的埋葬方法，一般是先挖一个圆形土坑，深40～

图三七　城头山城址内屈家岭文化瓮棺葬（引自《湖南考古漫步》）

50 厘米，然后将瓮棺埋入。葬具一般有两件。鄂西北和豫西南所用的主要葬具是夹砂罐，罐上扣以碗、豆、鼎等，都是实用器皿。江汉平原所用的主要葬具一般是釜，火候低，难以复原，可能是专为埋葬特制的，釜上所扣器物也是碗、豆、鼎之类的实用器皿。瓮棺的放置方法主要有两种，一种是正置，下面为罐或釜，上面扣一较小的陶器。另一种是侧置，用两个大小不一的釜对扣而成。绝大多数瓮棺葬都没有随葬品，但也有极少数随葬一至二件小陶器。例如六合 W46 就比较讲究。其葬法是在坑底先铺一层小卵石，面积 0.9 平方米，再在上面侧置两个相套的釜。随葬品有碗、器盖和猪下腭骨各一件[25]。

（三）环城聚落遗址

从 80 年代以来，我国在黄河中下游、长江中游、成都平原和内蒙古地区陆续发现四十多座新石器时代城址。这些城址的发现，对于研究聚落形态的演变以及中国古代文明的形成过程，具有重要的意义。国内外学术界均对此十分关注，史前城址考古已成为我国考古学中的热点之一。

1. 城址的发现

屈家岭文化城址的发现，是长江中游开展聚落考古取得的重要成果。1987 年春，严文明到湖北天门市石家河地区调查，对石家河遗址群的重要性给予了充分评价。为了研究该聚落群的形态特点及其在长江流域文明形成过程中的地位，他亲自倡导和组织了由北京大学考古学系、湖北省文物考古研究所和荆州博物馆联合组成的石家河考古队。此后该队在石家河遗址群连续进行了五年的考古调查和发掘。1990 年春，北京大学考古学系的赵辉和张弛负责对整个遗址群进行全面调查，首次在石家河聚落遗址群中发现一座规模巨大的屈家岭文化城址。以此为开端，在湖北省范围内又陆续发现了六座屈家岭文化城址。它们是：走马岭、阴湘城、鸡鸣城、马家垸城、门板湾城、陶家湖城。在此前后，湖南省考古研究所在澧水下游也调查和发掘了城头山城和鸡叫城。这些城址的概况大致如下：

（1）石家河城（图三八）：资料见于《石家河遗址调查》、《湖北天门市邓家湾遗址1992年发掘简报》等。城址位于石家河聚落遗址群的中心部位。从现存的城垣推测，城址近似方

图三八 石家河城址平面及地形图

形，南北和东西各长 1000 米左右，城址总面积 100 多万平方米。西城垣比较完整。南城垣仅见西段，有 200 多米长。西南角略呈方形，西北角转弯处也已基本查明。东城垣是依托南北向的条形岗地，岗地外侧相当陡峭，可能是人工所为，其中段和北段比较清楚。北城垣东段被年代较晚的另一座古城破坏。南城垣的东段和北城垣的西段未见城垣遗迹。西城垣和南城垣的外侧有宽深的壕沟遗迹。

西城垣中段因当地的陶器作坊取土，略有破坏。为了弄清城址的年代，考古队在此处断面上进行了调查。经铲光，发现城垣断面上有一层层的堆筑痕迹。每层的厚度一般为 10～20 厘米，可以确定为夯土。土层中含的陶片极少，其年代似早于屈家岭文化。调查者又在南垣西段的内侧（三房湾）开了一条探沟，发现城垣上直接叠压着石家河文化早期文化层。1992 年春季，考古队还在城垣的西北角发现了城垣被屈家岭文化墓葬打破的地层关系。墓葬中所出的斜直腹小罐形鼎、斜腹碗等，都具有屈家岭文化二期的特点，因此城垣的构筑年代为屈家岭文化时期。

（2）走马岭城（图三九）：资料见于《湖北石首市走马岭新石器时代遗址发掘简报》和《屈家岭文化古城的发现和初步研究》[26]等。关于发现及发掘情况，前面已作介绍。发现前城址的南垣东侧和城内的东南部，已因砖瓦厂取土而被破坏。城垣平面呈不规则椭圆形，东西最大径长为 370 米，南北最大径长为 300 米，总面积约 7.8 万平方米。城垣上有数处缺口，其中有的可能是城门遗迹。缺口两边，有的保存着圆形土台，可能是城垣上的防御性建筑台基。城垣宽 20～27 米，周长约1200米，城垣顶部较城内地面高4～5米，较城外一般高7～

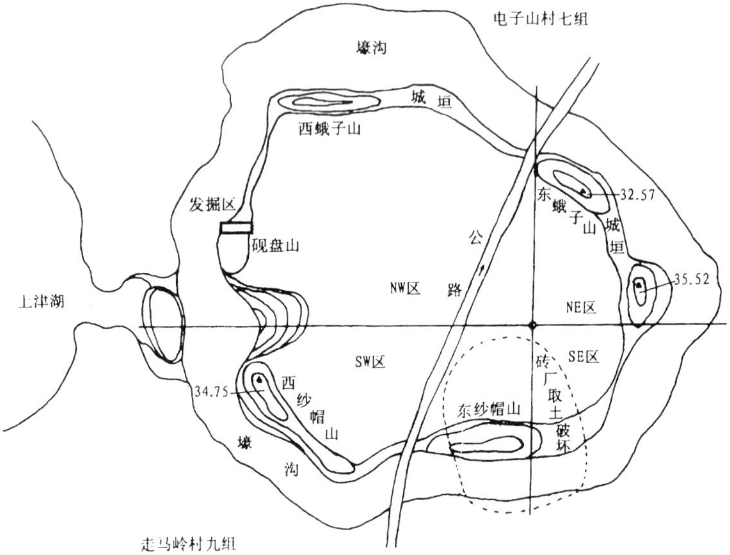

图三九 走马岭遗址平面示意图

8 米，西北面最高处较城外高 12 米，坡度在 60 度以上。城垣宽 20～27 米，城垣周围有宽达 25～30 米的壕沟。城内地势东面高，西面低，房屋建筑主要发现于东北部。西垣以外与石首市最大的湖泊上津湖相连，城内积水可从西边水门直接排入湖中。

城内文化堆积的情况是：下层为大溪文化晚期，中层为屈家岭文化，上层为石家河文化。为了弄清城垣的年代，考古工作者在西城垣上一个叫“砚盘山”的土台南侧横开了一排四个探方，发现城垣由较坚实的夯土筑成。从 T2～T4 北剖面上可以看出，已发掘的城垣墙体有 3.5 米高，但尚未到底。表土层以下即为夯土，夯层一般厚 10～30 厘米，黄灰相间，厚薄不均。内坡宽约 13 米，和城垣主体一次筑成。内坡下端夯层较厚，有的层厚达 40～50 厘米。夯土较纯净，只包含个别碎陶片，因过于细碎，已无法辨别器形，陶片的年代可能早于屈家岭文化。内坡脚上叠压着屈家岭文化地层，层中出土的陶片较多，可识的器形有凹沿高领罐、双腹碗、双腹豆、外翻沿碗、圈足杯。该文化层又被石家河文化的一座瓮棺葬和一个灰坑打破。此外还发现，城垣北侧的内坡脚被多座屈家岭文化一期墓葬打破。墓中出有屈家岭文化一期的典型器形双腹豆、双腹鼎、高领罐等。根据以上资料，可知城垣的年代不会晚于屈家岭文化一期。

（3）城头山城（图四〇、四一）：资料见于《澧县城头山

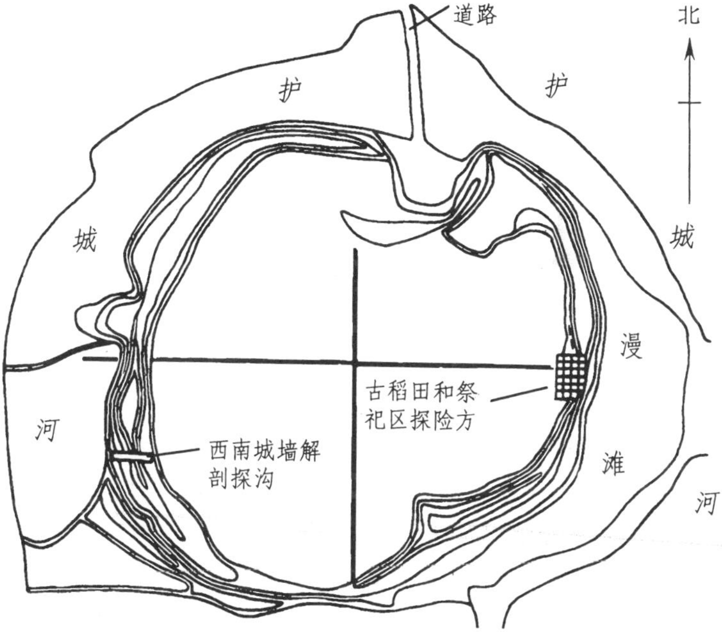

图四〇　城头山城址平面示意图

图四一 城头山遗址全景（引自《文物》1999年第6期）

屈家岭文化城址调查与试掘》、《澧县城头山屈家岭文化城址被确认》、《澧县城头山古城址1997～1998年度发掘简报》和《湖南考古漫步》等，发掘经过前面已作介绍。城垣建在一处高于周围地面约2米的圆形岗地上，建城时将岗坡外侧挖陡。城垣为圆形，外径约325米，底宽近30米，顶部宽约20米，较城外地面残高4～5米。外垣坡度约50度，内垣坡度约15度。据解剖，城垣由墙基与主墙构成。墙基采用平夯法堆筑而成，夯层约 20 厘米，夯锤为大而厚重的卵石。城垣外有壕沟环绕，其西南到北门的一段长 460 米、宽约 35 米、深约 4 米。这段壕沟宽窄一致，岸坡甚陡。东边的壕沟是由澹水河的一条由南向北流的支流构成，因此壕沟与城垣之间形成一条较宽的空地。城垣上有东西和南北相对的四个缺口，当是城门。东门残宽约 10 米，进深约 11 米，门内地面铺有 5 米宽的卵石地面，由内向外倾斜。南门现存宽约 20 米，进深约 15 米。北门最低，当地人称之为水门。城内地面因是在岗地之上，城内积水可以分别从四门排入壕沟。城内中部偏西是居住区，发现有多间大房子。中部偏东是大型公共墓地，已发掘数百座墓葬。

据发掘得知，城头山的城垣堆积可分为四期，并相互叠压。第一期城垣年代距今约 6000 年。垣底宽 10 多米，高 2 米多。环壕宽 10 米，深 3～4 米，长 1000 余米。壕的内外坡都有用木棍和芦席捆绑加固的护坡设施，有的部位用大块砾石筑成坡岸，东面和南面发现了供人出入的宽敞道路。1997 年冬，在一期城垣基脚处发现一个人牲坑，说明筑城时曾举行过隆重的奠基典礼。第二期城垣距今 5700 年至 5600 年，垣底宽 20 多米。第三期城垣距今 5300 年至 5000 年。第四期城垣堆筑的年代距今 4800 年左右，这也就是现在地面上可以观察到的城垣遗迹。

（4）马家垸城（图四二）：材料见于《荆门马家垸屈家岭城址调查》[27]。城址位于湖北省荆门市五里镇显灵村，西至 207 国道约 4 公里，南距楚故都纪南城约 28 公里。城址所在地为一处高出周围地面 2～3 米的平岗，总面积约 24 万平方米。南城垣长约 440 米，底宽约 35 米，顶宽约 8 米，残高 6 米（距城外地面，下同）。北城垣长约250米，底宽约30米，

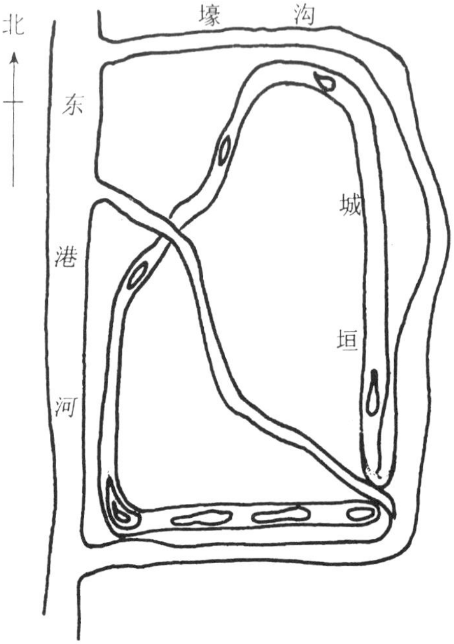

图四二 马家垸城址
平面示意图

残高约 1.5 米。东城垣长约 640 米，底宽约 30 米，残高约 3 米。西城垣长约 740 米，底宽约 35 米，顶宽约 8 米，残高 4～6米。城垣外陡内缓，城垣上有多处高台，原来可能有防御性建筑。

城址周围有壕沟，除南北局部被毁外，其余基本保存完好，壕沟宽 30～50 米。城垣之西紧靠由北向南流经的东港河。该河下切深峻，流注长湖，临城的一段河道被规划为环壕的一部分。城垣上有多处缺口，可能是城门。城内有一条河道，从西北门流入，从东南门流出。

城内北侧有一片建筑台基，暴露的陶片分别属于大溪文化、屈家岭文化和石家河文化早期。整个城内除新石器时代的陶器和石器外，未发现任何其他时代的遗物。

为了进一步弄清城址的年代，调查者在西南垣内侧断面上采集了一些陶片。经辨识，陶片年代为屈家岭文化时期，联系城内建筑台基所出陶片，可以初步确定，城垣的建筑年代为屈家岭文化时期，最迟不晚于石家河文化早期。

（5）阴湘城（图四三）：考古资料见于《湖北荆州市阴湘城遗址东城墙发掘简报》[28]、《湖北荆州市阴湘城遗址考古获重大收获》[29]、《湖北阴湘城遗址研究》[30]。发掘过程前面已

图四三　阴湘城城址平面图

作介绍。据《江陵县志》记载，此城在清代“垣址宛然，冈阜方平，土人以城名之”。遗址西北临湖泊，为菱角湖一港汉。湖东有水经古河道流入湖中。遗址以南200米处为荆江大堤。城址平面大致呈圆角方形，北侧被湖水浸蚀无存。现存城址东西长约580米，南北残宽约350米，残存面积约20万平方米。南垣与东垣、西垣的南段保存较好，城垣高出城外地面5～6米。城外有环壕，宽约30～40米。经对东城垣解剖，发现新石器时代的城垣至少可分为两期。第一期横断面为梯形，高约8米，顶宽6.5米，底宽约30米。墙体下部较平缓，上部坡度较陡。城垣建在生土上，墙土纯净，未发现可供断代的遗物，土层似经夯打。城垣内侧有护坡，护坡所用的土和墙体差别明显，应是在墙体建成后再堆筑而成。在护坡之上叠压有一层薄薄的文化堆积，其中含有较多的屈家岭文化一期陶片，因此第一期城垣的构筑年代不会晚于屈家岭文化一期。第二期城垣是在第一期城垣的内外加宽加高而成。加宽后，基脚的宽度达到45米。此期城垣本身未见可供断代的遗物，但是在修补部分，发现夯层中有晚至石家河文化早期的陶片，说明此城垣一直沿用到石家河文化时期。城垣的最后一次修复是在西周时期。

在城内西侧岗坡上，发现有屈家岭文化时期密集的房屋建筑。房屋形状皆为方形，双间或多间都有，因未大面积揭露，对其布局尚不清楚。在城内的东北角发现一处屈家岭文化祭坛。祭坛为圆形，用红烧土堆筑成，中间高于边缘近1米，面积100多平方米。在东城垣内侧发现大溪文化的壕沟遗迹。

（6）门板湾城（图四四）：资料仅见于《中国文物报》[31]。城址位于遗址群的中心地带，平面近方形，南北最大长度550米，东西最大宽度400米，总面积约20万平方米。西垣保存最

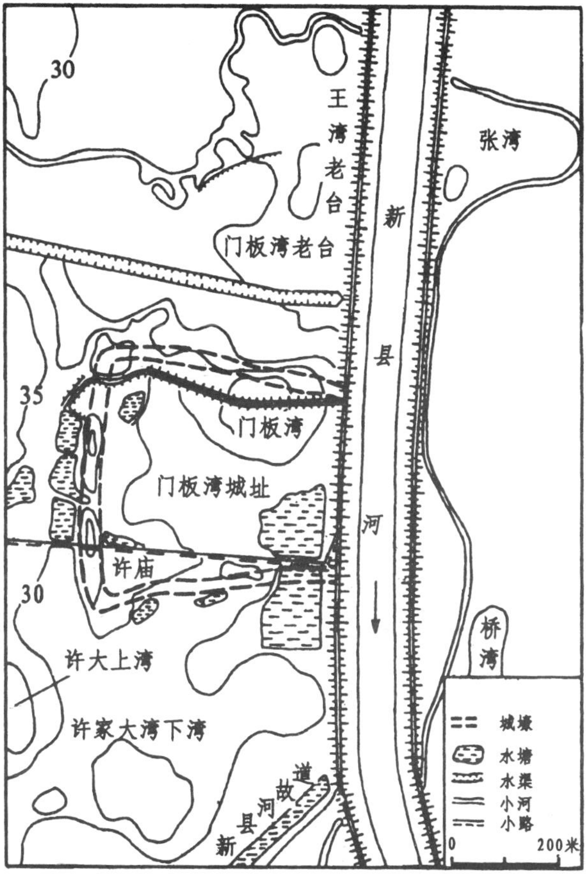

图四四 门板湾城址及遗址群分布图

好，南垣保存较差。城垣外有壕沟，以西壕沟较明显，现存长度为 260 米，已形成三个水塘。在壕沟之外还发现了呈点状分布并环卫城址的许家老屋台、许家大湾上湾和下湾、门板湾老台等几个从属聚落的台子。

从发掘及钻探资料得知，西城垣下叠压着房子。西垣横截面为梯形，上窄下宽，上部残存宽度为13.5～14.7米，基部宽近40米。现存西垣上部高出壕沟开口处5.25～6米，高出城内地面3.5米。城墙外坡陡峻，内坡较缓。在西垣的中段有一个40米宽的豁口，可能是西门。城垣堆土主要为黄土和淤泥。基本修筑方法是一层黄土夹一层淤土，但厚薄不均，厚的地方达40多厘米，薄层仅3～5厘米。城垣的堆土中含有屈家岭文化的彩陶纺轮、彩陶杯、彩陶鼎等器物。壕沟横截面为梯形，口宽底窄，口宽59米，深1.8～2.5米，壕沟底层堆积出土物皆属屈家岭文化。

（7）鸡鸣城（图四五）：清代同治年间编纂的《公安县志》记载，该县有两个鸡鸣城，“一在谷升里，一在东村里，皆城径里余，沟垒俱整”[32]。经核实，谷升里在今狮子口镇双剅乡龙船嘴村，东村里在今孟溪镇甘厂乡青河村。荆州博物馆贾汉清对狮子口镇城址进行了调查，确认是一处屈家岭文化的城址[33]。为避免混淆，调查者将狮子口镇的城址仍称为鸡鸣城，至于孟溪镇的城址可另外定名。

鸡鸣城位于平原上，东北不远处有低矮的缓丘。城址呈不规则的椭圆形，东南和西南角有明显的转角，南北最长500米，东西最长400米，面积约15万平方米。城垣大部分保存较好，仅东北部缺失，周长约1100米，顶宽约15米，底宽约30米，西北部城垣高出其他部位城垣1米左右，一般地段高出城外2～3米，城外壕沟宽约20米。城址中部有一块高出周围1米的台地，面积约4万平方米，可能是建筑台基。

在城垣的断面上有一层层明显的堆筑痕迹，内含豆盘类的黑皮陶和其他一些红陶片，年代可能早于屈家岭文化。城内台基上采集的陶片较多，器形有缸、彩陶碗、高脚杯、豆、鼎等，年代属屈家岭文化时期。调查中未发现更晚的遗物，因此鸡鸣城城垣的堆筑年代不晚于屈家岭文化时期。

（8）鸡叫城：城址位于湖南省澧县涔南乡复兴村十组，发现于1978年。为解决该城址的年代问题，湖南省文物考古研究所于1998年冬进行了首次试掘。《中国文物报》对此作过专题报道[34]。

城址平面呈长方形，东西长400米，南北宽370米，面积约15万平方米，方向190度。城内地面高出周围2～3米。城垣轮廓清晰，西、北两面保存较好，南垣与东垣南段因农民取土烧砖，已破坏殆尽。垣外有宽阔的水面和洼地环绕，尤以

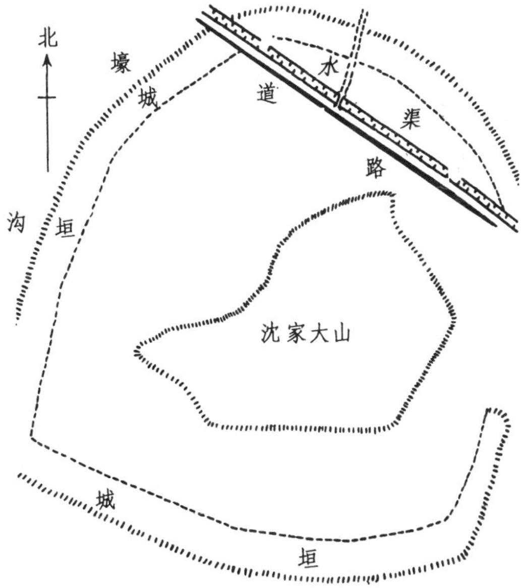

图四五　鸡鸣城城址平面示意图

西、北、南三面最为明显，宽约 40～70 米，环形洼地与涔水支流（现已为枯河）在城西北会合，并与北墙中部缺口遥相呼应，近似于城头山的北门或水门。东、西两墙未见明显缺口，城门不甚清楚。

试掘区位于保存最好的西垣南段，探沟横跨整个西垣及垣外护城河、垣内文化层，东西长达 85 米。发掘证明，鸡叫城现今所见的宽大城垣是经过两次修筑而成的，年代分别为屈家岭文化时期和石家河文化时期。

一期城垣直接修筑于地势较高的生土地面上。夯筑墙体分层修筑，每层厚 20～30 厘米。城垣横断面近似三角形，底宽 30 米，高 4.5 米。墙顶及墙外坡被石家河文化层所覆盖，外坡底部又叠压在屈家岭文化偏早阶段的地层之上。墙内坡一期墙体被屈家岭文化地层叠压，因而一期城垣的年代不会晚于屈家岭文化时期。

二期城垣规模较大。墙体附筑于一期城垣内侧，叠压于屈家岭文化地层之上，年代大致为石家河文化时期。二期墙体形状似平行四边形，宽约 60 米，残高 2～2.5 米。

在距一期城垣外坡底部约 8 米处，发现了与之同时的壕沟东岸斜坡部分，它与现今所见的城外水域相连，壕沟内出土大量屈家岭文化陶片。另外在二期城垣内坡底部所压的屈家岭文化地层之下，发现了年代更早的聚落壕沟，探沟所在位置正好揭示了壕沟西岸部分，壕沟内发现大量木构遗迹。

城中文化层厚约 2 米，其中屈家岭文化层相对较薄，而石家河文化层却厚达 1.5 米以上。结合二期城垣的规模，推测鸡叫城最兴盛的时期是在石家河文化时期。

（9）陶家湖城（图四六）：1998年12月调查确认，此前称为

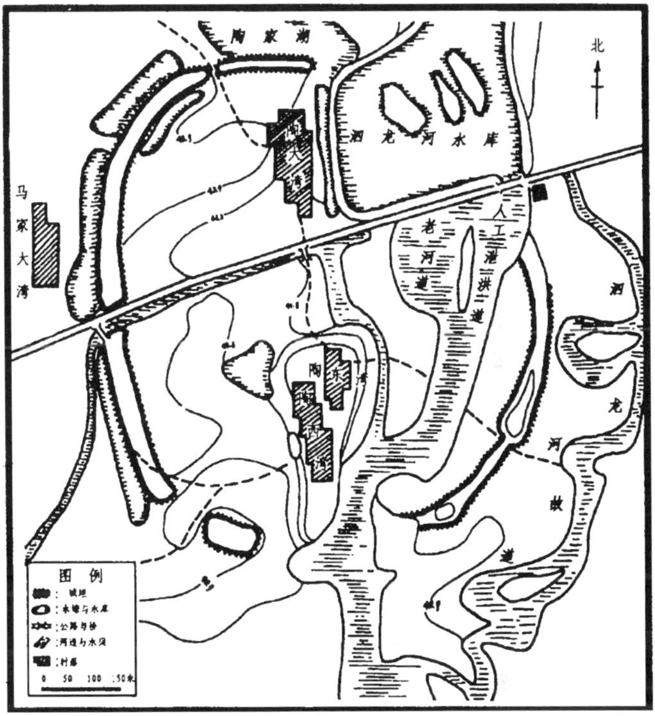

图四六　陶家湖城址平面及地形图

泗龙河遗址[35]。据光绪年间《应城县志》记载："古城在县西南汤池团，陶家湖城址尚存，故老犹能指其处，但城名无考，不知何代置。"城址位于应城市区以西约18公里的泗龙河中游，在陶家河与泗龙河交汇处，城址隶属应城市汤池镇方集村。地势处于大洪山南麓余脉向平原湖区的过渡地带，属江汉平原的北部边缘区。城址本身坐落在平缓的丘陵上，城址平面呈椭圆形，南北最大径约1000米，东西最小径约850米，总面积约67万平方米。城垣高出周围地面1～4米，西城垣保存最好，分为南、北两段。其中西垣南段长约 350 米，底宽约 25 米，残高 2～4米。西垣北段长约 520 米，底宽约 30 米，残高 1.5～3 米。北垣东段已没入水库中。北垣西段残长 180 米，底宽约 15 米，顶宽约 4 米，残高 1.5～3.5 米。东垣北段已毁，中南段土垣长约 640 米，底宽 25～50 米，顶部最宽处达 30 米。南垣被泗龙河下切出一个宽约 200 米的豁口，仅余南垣西段。垣外有壕沟环绕，以西垣外的壕沟保存最好，宽 20～45 米，残长约 860 米。北垣外利用陶家河河道为壕，北垣顶部至今仍高出河床近 6 米。城东 50～100 米处有一处与之平行的带状洼地，疑为古河道，由此推测，泗龙河曾经从城东流过，并被作为东垣外的壕沟。城垣上的五处缺口可能是城门。城内南部中心地带有一台地，南北长约 450 米，东西宽 60～150 米，可能是居住区。

城内采集的遗物分属屈家岭文化和石家河文化。城垣的始筑年代可能为屈家岭文化时期。

2. 关于城址的研究

有关屈家岭文化城址的研究性专论尚不多，主要有《屈家岭文化古城的发现和初步研究》、《长江中游史前城址和石家河聚落群》[36]、《长江中游早期城市管窥》[37]等。日本学者也参加了研究，如中村慎一的《石家河遗迹与中国都市文明的起源》[38]、冈村秀典的《屈家岭·石家河文化属城市文明吗?》[39]等，都是对屈家岭文化城址进行的专门性研究。1996 年 8 月，《文物》月刊编辑部发起组织史前城址与聚落考古学术研讨会，会上代表们就史前城址与聚落遗址的新发现进行了讨论[40]。会后，在《文物》和《考古》等刊物上陆续刊登了多篇研究史前城址的论文，这些论文虽不是专门研究屈家岭文化城址的，但有不少内容都与屈家岭文化有关。代表性的论文有《文明起源研究的回顾与思考》[41]、《聚落考古与史前社会研究》[42]、《中国史前城址考察》[43]等。以上这些论著所研究的问题，涉及屈家岭文化城址的年代、特征、功能、社会性质及其与文明的关系等。

（1）关于城址的年代。据目前所见资料，屈家岭文化城垣的堆筑年代，均在屈家岭文化时期。其中城头山城垣的堆筑年代最早。鸡叫城、走马岭、阴湘城、石家河城的城垣都发现有被屈家岭文化墓葬或灰坑打破、叠压的地层关系，说明城垣的堆积不会晚于屈家岭文化时期。门板湾的城垣下面叠压屈家岭文化的房基，说明城垣晚于房基，但是从房基保存的完好程度推断，城垣与房基相隔的时间极短，应同属于屈家岭文化遗存。鸡鸣城与马家垸城虽然未进行发掘，但城内文化堆积单纯，时代又相当早，因此其年代也应和其他城大致相当。这九座城垣堆筑的实际年代，估计都不会晚于四千八百年前。

屈家岭文化城垣堆筑完成后，使用到何时？这也是一个比较重要的问题。从鸡叫城和阴湘城的修补痕迹及其中的遗物分析，其城垣及壕沟至少到石家河文化时期仍在使用。另外在石家河城内发现了大量石家河文化遗迹，但这些遗迹均未越过城垣，说明城垣和壕沟仍被当作重要的防卫系统。

（2）关于城址的特征。笔者在《屈家岭文化古城的发现和初步研究》一文中，对此作了概括。

第一，形制不规则。屈家岭文化城址有圆形、椭圆形、不规则长方形等形状。这是因为城垣的构筑多依托岗地的陡坎和河道，所以无论哪一种形状都不是很规则，有的城垣甚至并不封闭。城门的数量和位置没有一定规律，有些城垣上原来可能建有防御性工事。城内居住区一般位于地势较高的土台上。因此屈家岭文化城址在规划布局上，起决定作用的因素是实际需要和自然地形。但是，这并不意味着形制的不同与构筑年代的早晚没有关系。从古城城垣形态的发展演变规律看，一般都要经历从圆形（包括椭圆形）到不规则方形，再到方形的过程，屈家岭文化城址也是这样。城头山城址呈圆形，乃是因为最初的规划在大溪文化早期就已确定了，以后只是继续沿用而已。为什么早期的城址多为圆形呢？这是因为早期的聚落社会，血缘关系特别紧密，故大都采用向心式或内凝式的布局，而圆形无疑是最好的模式。从城址的形制推测，走马岭城址的年代也可能要早到五千年前。

第二，城址的面积比较大。屈家岭文化时期新筑的城，面积平均都在十几万平方米以上。城垣周长一般在 1000 米到 2000 米之间，其共同特点是把整个聚落都围圈在城垣内。城头山和走马岭的城垣比较小，当与构筑年代早有关，因为年代早的聚落，范围也相对要小些。

第三，城垣的构筑采用堆筑法。经过解剖的城垣断面都呈梯形。所有的城垣都可以分层，并经过简单的夯打。夯层厚度不一致，有的部位厚达 40 厘米，层面大多也不水平。这些情况表明，城垣是分层堆筑而成。

第四，城垣内外有较严密的水系网络。环壕是整个水系的主干，城址无一例外地都靠近河流，环壕和这些河流相通，并多以靠近城垣的河段作为环壕的一部分，环壕又通过城垣的水门和城内相通，解决城内的排水和用水问题。因此以环壕为主干的水系网络，既可以满足防卫的需要，又可以发挥排灌、交通等综合效用。

（3）关于环城聚落的性质和城壕的功能。对环城聚落的性质，主要有两种观点。一种观点以日本的中村慎一为代表。中村慎一主要以石家河城的资料为基础，认为石家河环城聚落已属于文明时代的城市，“已经达到了国家的阶段”。他的理由之一是：“石家河与乌鲁克同为公元前3000年乃至稍后世界上最大的聚落。”“虽聚落人口密集有异，然面积达1平方公里的聚落是高度发达的酋邦乃至早期国家中所普遍见到的规模。”[44]另一种观点认为，屈家岭文化环城聚落仍处于“军事民主制”或“部落军事联盟”阶段。王红星在《长江中游早期城市管窥》中对这种观点进行了论述，指出：“城址内部的居民与附属聚落居民之间有着先天的或历史的密切联系，特权阶层主要限于政治、军事、宗教上的权力，城址是中心聚落与附属聚落或聚落的全体成员共建共享，抵御外来侵犯之敌的。城乡之间是一种互相依存、输送技术、交换产品及联姻和文化交流的关系。因此这类城址所处的社会发展阶段，应是氏族制的高级阶段——部落军事联盟阶段。”冈村秀典在《屈家岭·石家河文化属城市文明吗?》一文中，针对中村慎一的观点，反驳指出：“乌鲁克遗址相当于公元前三千年的初期王朝时期。城墙全长9.5公里，城墙面积502.2公顷，城中心有巨大的神殿，很长时间里一直发挥着经济中心的功能，因此不能简单地与石家河遗址进行比较。”他的结论是：“石家河聚落中借助凌驾众族群之上的外部势力建立起来的统治秩序尚不发达，城乡分化中所表现的社会阶层分化现象也不突出。因此可以认为石家河城郭聚落尚未发展成为文明阶段的城市。”

至于城壕的功能，一般认为，屈家岭文化时期及以前，构筑城垣与壕沟的主要目的有两个，一是为了防御外部落的抢掠和侵扰，二是为了防堵洪水的威胁。

（4）关于屈家岭文化城址与文明起源的关系。这个问题与前一个问题在内容上有一定的相似之处，但侧重点不同，研究的范围也更大。这个问题所要研究的重点是：城址在文明形成过程中占有什么样的地位以及发挥什么样的作用。对此学者们都认为："古城的出现是与生产力的发展、私有制的产生息息相关的，是中国史前文明形成过程中，经济与社会组织发展到一定阶段的产物。其最直接的作用，应与财富、资产、生存空间的掠夺和保护相关，同时也可能预示着更高级社会组织，如国家雏形的孕育。对史前古城址的研究，是探讨文明起源这一重大课题的很好的切入点"[45]。严文明对史前城址的出现作了高度评价："中国大地上出现的第一批土筑或石头砌筑的城址是一种非常醒目的人文景观。它好像是历史长河中一种高耸的里程碑，把野蛮和文明两个阶段清楚地区分开来，中国历史从此开始了新的篇章。"他强调指出："城址的出现应该视为走向文明的一种最显著的标志。"[46]

在中国文明起源研究中，严文明发挥了苏秉琦关于"古文化—古城—古国"的理论。他在《文明起源研究的回顾与思考》一文中，将史前城址和中心聚落的资料进行了排比，并把它们分为三个阶段。

第一阶段相当于仰韶文化的庙底沟期、大溪文化的早中期和大汶口文化的早期等，年代为公元前4000年至前3500年。这是城址初现的时期，数量少，规模小，结构上还保留着环壕聚落的一些特点，城头山城址的第一、二期就属于这一阶段。这表明在一些比较发达的文化中心，已经率先开始走向文明的进程。

第二阶段相当于仰韶文化后期，包括庙底沟二期文化、红山文化晚期、大汶口文化中晚期、良渚文化、大溪文化晚期—屈家岭文化—石家河文化早期等。年代大约为公元前 3500 年至前 2600 年左右，这是城址迅速发展的时期。这个时期比第一阶段进了一大步，文明化程度更高了，文明社会的色彩更浓了。

第三阶段即通常所说的龙山时代，年代约为公元前 2600 年至前 2000 年。这个时期的城址和特大型聚落遗址大多见于黄河流域。龙山时代应该大体相当于古史传说的尧舜时代，亦即文明初期的古国时代。严文明的结论是："中国文明的起源是一个很长的过程。最先发生社会分层和分化，从而迈开走向文明的第一步，当不晚于公元前 4000 年；公元前 3500 年至前 2600 年是普遍文明化的过程；公元前 2600 年至前 2000 年当已进入文明社会。"严文明的这些论述，比较清晰地划分了中国文明形成的三个阶段，指出了史前古城在文明形成过程中的重要地位和作用，对于今后进一步加强史前古城的研究，正确把握文明起源的研究方法，提出了指导性意见。严文明研究与论述的对象，是指全国各地发现的所有城址以及中心遗址，当然也包括长江中游大溪文化与屈家岭文化的城址。他认为屈家岭文化城址在中国文明的形成过程中，处于第二个发展阶段，亦即普遍文明化的阶段。这与目前大多数学者的看法基本上是一致的。那么，这种"普遍文明化"究竟有哪些具体特征呢？根据大家的研究，主要有如下两个方面。

（1）聚落之间出现了显著的分化。中村慎一认为，屈家岭文化的聚落可以划分出四个等级。第一个等级是以石家河城为中心的聚落群，第二个等级以马家垸、阴湘城为代表，第三个等级以城头山、走马岭城为代表，第四个等级是指那些没有城垣的聚落。冈村秀典则认为："屈家岭、石家河文化是一个有三个等级的单中心型聚落构造，即以大型复合聚落石家河遗址为最高等级，小型城郭聚落次之，再次是从属地位的无城郭聚落。”严文明也曾多次以屈家岭文化城址为例，说明史前聚落的分化情况。他指出：“现在在湖北、湖南、四川、河南、山东和内蒙古等地发现的龙山时代的城址已将近四十座。其中最大的超过100万平方米，小的不到1万平方米，而大多数在10万至20万平方米之间，单从大小来看似乎有等级之分。”以上学者在具体划分城址的等级上虽然意见不尽一致，但都认为，这些城址间有等级之分。从客观情况看，冈村秀典的划分是比较符合实际的。但对无城垣的聚落，也不能一概认为无足轻重，例如屈家岭遗址，就显然是一处无城垣的中心聚落。另外，几乎所有的城址都有一些从属的聚落分布在周围，只是其数量与密集程度远不如石家河城而已。

（2）聚落内部也发生了分化。这种分化在房居和墓葬中都有反映。房居的分化首先出现在稻作农业经济最发达的汉水中下游和长江干流两岸。大溪文化时期，这里的房屋形态以圆形和方形单间为主。到屈家岭文化时期，房屋形态出现了明显的变化，开始以方形双间和方形多间为主。在有些中心聚落里，甚至只以方形多间为主。最典型的例子莫过于门板湾F1和宋家台的房子。前文已经指出，这两座多间房很可能分别代表一个大家庭和一个家族的居住形态。门板湾F1自备储藏室，周围还有围墙，俨然是单门独户，自成一体。而宋家台的大房子，则以面积巨大和布局紧凑给人以深刻印象。这种现象在大溪文化和仰韶文化中都是未曾见过的。此类房屋的出现，固然与建筑技术的进步和提高有关，但更重要的原因是，社会组织形态发生了变化。随着经济的发展，家族和家庭作为相对独立的经济单位开始登上舞台。虽然现在尚不了解屈家岭文化时期家族与家庭的具体经济状况，但是它们争取自主的倾向却是处处可以感觉到的。家族化和家庭化的倾向，势必导致贫富的进一步分化，从而为文明的形成创造必要的前提。

社会组织形态的变化也反映在墓葬中，像大溪文化和仰韶文化时期那种严格成排成列埋葬的现象已经看不到了。屈家岭文化时期虽然仍保留着氏族集体埋葬的做法，但家族分区埋葬和个人分散埋葬的现象越来越多，已逐渐成为一种趋势。这些现象都表明，以血缘纽带为特征的氏族制度，已不可避免地处于解体过程中。

对于屈家岭文化聚落内部分化的具体情况，现在还了解得远远不够。初步得到的印象是：聚落之间的分化程度相当明显，而聚落内部的分化进程却要缓慢得多。例如，屈家岭文化中未发现特大型的礼仪性公共建筑。作为独立经济单位的家族和家庭虽然已经兴起，但是埋葬中未见到一例夫妻合葬的现象，也未发现特大型墓葬。这种情况都似乎可以说明，屈家岭文化聚落内部的分化尚不突出。这大概也就是诸多学者认为屈家岭文化城址尚处在“部落军事联盟”阶段和有别于酋邦阶段的理由，但尚需更多的考古资料证明。

注　释

［1］张光直《考古学专题六讲》74～93页，文物出版社1981年版。

［2］严文明《仰韶房屋和聚落形态研究》，文物出版社1989年版。

［3］中国社会科学院考古研究所编《青龙泉与大寺》26～27页，科学出版社1991年版。

［4］长江流域规划办公室考古队河南分队《河南淅川黄楝树遗址发掘报告》，

《华夏考古》1990 年第 3 期。

[5] 石家河考古队发掘资料。

[6] 中国社会科学院考古研究所编《青龙泉与大寺》21～23 页，科学出版社 1991 年版。

[7] 长江流域规划办公室考古队河南分队《河南淅川黄楝树遗址发掘报告》，《华夏考古》1992 年第 3 期。

[8] 中国社会科学院考古研究所《中国考古学中碳十四年代数据集（1965—1981)》72 页，文物出版社 1983 年版。

[9] 石家河考古队《肖家屋脊》22～24、30 页，文物出版社 1999 年版。

[10] 湖南省文物考古研究所编《湖南考古漫步》22 页，湖南美术出版社 1999 年版。

[11]《应城门板湾遗址发掘获重大成果》，《中国文物报》1999 年 4 月 4 日第 1 版。

[12] 李桃元《应城门板湾遗址大型房屋建筑》，《江汉考古》2000 年第 1 期。

[13] 湖南省文物考古研究所编《湖南考古漫步》19、22 页，湖南美术出版社 1999 年版。

[14] 同 [13]。

[15] 白寿彝主编《中国通史》第二卷 250～251 页，上海人民出版社 1994 年版。

[16] 石家河考古队《肖家屋脊》56～58 页，文物出版社 1999 年版。

[17] 中国社会科学院考古研究所编《青龙泉与大寺》36～37 页，科学出版社 1991 年版。

[18] 石家河考古队《肖家屋脊》61 页，文物出版社 1999 年版。

[19] 长江流域规划办公室考古队河南分队《河南淅川黄楝树遗址发掘报告》，《华夏考古》1990 年第 3 期 24 页，图二五:3。

[20] 河南省文物研究所《淅川下王岗》205～206 页，文物出版社 1989 年版。

[21] 中国社会科学院考古研究所编《青龙泉与大寺》45 页，科学出版社 1991 年版。

[22] 湖南省文物考古研究所编《湖南考古漫步》23 页，湖南美术出版社 1999 年版。

[23] 中国社会科学院考古研究所湖北队《湖北枝江关庙山新石器时代遗址发掘简报》，《考古》1981 年第 4 期。

[24] 湖南省文物考古研究所编《湖南考古漫步》20 页，湖南美术出版社 1999 年版。

[25] 荆州地区博物馆等《钟祥六合遗址》，《江汉考古》1987 年第 2 期。

[26] 张绪球《屈家岭文化古城的发现和初步研究》,《考古》1994 年第 7 期。
[27] 湖北省荆门市博物馆《荆门马家垸屈家岭文化城址调查》,《文物》1997 年第 7 期。
[28] 荆州博物馆《湖北荆州市阴湘城遗址东城墙发掘简报》,《考古》1997 年第 5 期。
[29] 贾汉清等《荆州阴湘城考古获重大收获》,《中国文物报》1998 年 7 月 1 日。
[30] 冈村秀典等《湖北阴湘城遗址研究》,日本《东方学报》1997 年 3 月。
[31]《应城门板湾遗址发掘获重大成果》,《中国文物报》1999 年 4 月 4 日。
[32]《公安县志》,清同治十三年编纂,1983 年公安县志办公室翻印。
[33] 荆州博物馆贾汉清《湖北公安鸡鸣城遗址调查》,《文物》1998 年第 6 期。
[34]《澧县鸡叫城新石器时代晚期遗址又有新发现》,《中国文物报》1999 年 6 月 23 日。
[35] 李桃元、夏丰《湖北应城陶家湖古城址调查》,《文物》2001 年第 4 期。
[36] 张绪球《长江中游史前城址与石家河聚落群》,《稻作 陶器和都市的起源》167～179 页,文物出版社 2000 年版。
[37] 王红星《长江中游地区早期城市管窥》,《长江中游史前文化暨第二届亚洲文明学术讨论会论文集》,岳麓书社 1996 年版。
[38] 中村慎一《石家河遺迹と中国都市文明の起源》,《住の考古学》,日本同成社 1997 年版。
[39] 冈村秀典《屈家岭·石家河文化属城市文明吗?》,《稻作 陶器和都市的起源》181～187 页,文物出版社 2000 年版。
[40] 李力《“史前城址与聚落考古学术研讨会”综述》,《文物》1996 年第 11 期。
[41] 严文明《文明起源研究的回顾与思考》,《文物》1999 年第 10 期。
[42] 严文明《聚落考古与史前社会研究》,《文物》1997 年第 6 期。
[43] 任式楠《中国史前城址考察》,《考古》1998 年第 1 期。
[44] 中村慎一《石家河遺迹をゐぐゐ诸问题》,日本《中国考古学会会报》第 7 号 42 页,1997 年。
[45] 同 [40]。
[46] 同 [41]。

八 精神文化

（一）原始宗教活动

在屈家岭文化遗址中，发现许多与原始宗教活动有关的遗迹和遗物。简述如下：

1. 奇特的筒管形陶器

《京山屈家岭》报告晚期二遗存中，有两件用途不明的特殊陶器，一件是四耳器，编号 T138:3（9）。上端略残，直口，圆腹，下部亦为直口，但下部口径大于上部口径。腹壁四面各向外伸出一个喇叭形的耳，耳与腹不通，四耳之间各饰一段麻花形的附加堆纹，泥质红陶，残高 20 厘米，口径 11.2 厘米，腹径 16.1 厘米，厚 0.5 厘米[1]（图四七，1）。另一件是筒形器，编号为 T78:2（27）。器体作筒形，唇微内敛成榫口，外表有三十四周平行的附加堆纹，上压斜槽似齿轮，泥质红陶，高 64.5 厘米，上口径 17.5 厘米，下口径 32.7 厘米，厚 0.8～1.4厘米[2]（图四七，4）。

1979 年至 1980 年，荆州博物馆发掘公安县王家岗遗址，于屈家岭文化灰坑中发现一件陶筒形器口沿残片（H1:3）[3]，其陶质、陶色、器形和附加堆纹均与屈家岭所出者相同，报告定名为高领罐，有误。

以上两种陶器在屈家岭和王家岗等遗址出土时，均未发现

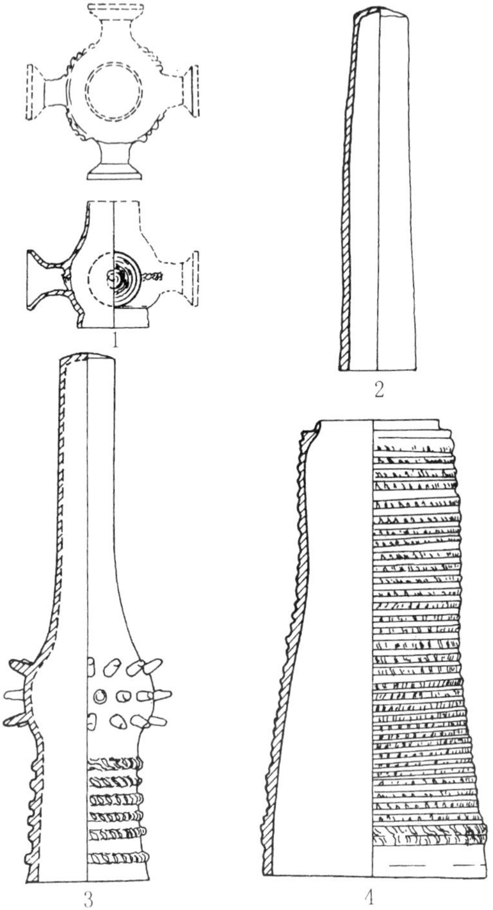

图四七　屈家岭文化陶筒管形器

1. 四耳器　2. 细管形器　3. 乳钉管形器　4. 筒形器

相关的遗迹现象，也未看到其他有联系的陶器共出，所以无法判断它们的用途。1987 年春季和秋季，荆州博物馆和石家河考古队在邓家湾遗址进行了两次发掘，初次从遗迹现象中见到筒管形陶器共出的情形，因而对屈家岭、王家岗所出筒形器和四耳器的用途有了某种程度的了解。

邓家湾发现的第一个有关筒管器的遗迹现象是在H28中。该坑中共发现七八件筒形器的碎片，其中复原的有四件，这些筒形器和屈家岭所出的完全相同。和筒形器放在一起的还有一件带乳钉装饰的管形器，权且称为乳钉管形器。该器为泥质红陶，造型十分奇特，上端是细长的管子，封口，中间偏下为圆球形，表面饰密集的长乳钉，下端呈短筒形，饰多道麻花状的附加堆纹，全器通长95厘米，下端口径25厘米（图四七，3）。H28中除出土以上两种器物外，同时出土了少量屈家岭文化陶片。

邓家湾第二个有关筒管形器的遗迹现象发现于H59。这也是一个屈家岭文化的灰坑。坑呈锅底形，没有包含物。坑的东南边，围绕坑口发现三节筒形器和一根细长的管形器互相连接。在坑的南侧一个筒形器旁边，平行放置一件乳钉管形器，在这件乳钉管形器较粗的一端内，还套着另一件相似的乳钉管形器。在坑的西南侧，有两根互相套着的细长管形器，由坑口向坑内斜伸着[4]（图四八）。

此外在邓家湾墓地内外，也发现一些筒形器、乳钉管形器和细长管形器，其中有的乳钉管形器是由上、中、下三个独立的器件组合而成。上部为细长管，中间为带乳钉的球形器，下端为短筒形，三部分可合可分，分别烧制而成。屈家岭所出四耳器，上下都有接口，且上细下粗，与邓家湾所出独立的乳钉球形器相比，除耳和乳钉装饰不同外，其他特征都相同，可见四耳器只是乳钉球形器的变态，两者功用应一致。

筒形器、乳钉管形器、细长管形器同出于一坑，有的还互

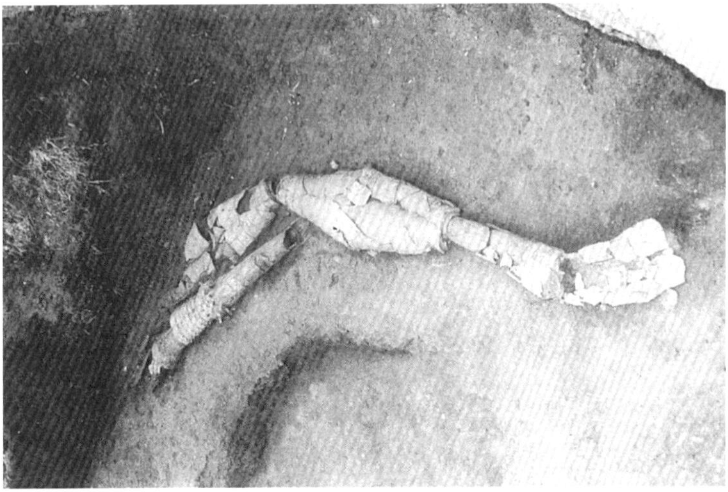

图四八 邓家湾遗址 H59 陶筒管形器出土情景

相连接，可见它们之间有着非常密切的关系，三者应该是互相结合使用的，但究竟如何连接和组合，现在已很难完全弄清楚了。据试验，至少乳钉管形器和筒形器之间是可以结合的，因为筒形器上端都有榫头，如果把乳钉管形器放在筒形器的上面，正好吻合。两者套接起来后，高度可达 1.6 米左右，为了保持直立不倒，推测筒管内是有木柱支撑的，因为在乳钉管形器上端，也就是细长的管壁上，有一至两个圆形孔洞，可以用竹钉穿过孔洞，把乳钉管形器和内部的木柱固定在一起。这大概是当时最基本的一种组装使用方法，但不一定是唯一的方法，因为从发掘现场看到的现象并不是如此简单。例如在灰坑中发现的筒形器，在数量上远远多于乳钉管形器和细长管形器。但筒形器之间由于长短粗细相似，下端又明显粗于上端，并不能互相组装连接。那么，这些多出来的筒形器又如何使用？又例如H59的东南边有两节筒形器的粗端相连，另一节筒形器的细端又和这两节筒形器之一的细端相连。还有一件细长管形器的细端，插入了一节筒形器的细端。另外，还发现两件乳钉管形器和两件细长管形器分别互相套接。这些现象和试验的结果也不一致，对此如何解释？它们究竟是反映使用时的状况，还是使用后随意处理放置的？这些问题都是难解之谜。

值得注意的是，以上这些神秘奇特的陶器，并非只是少数遗址所特有，而是在许多屈家岭文化遗址中都有发现，并且范围很大。例如1989年湖北省考古工作者调查荆门市马家垸城址时，于该城屈家岭文化遗存中发现三件筒形器残片。《荆门马家垸屈家岭文化城址调查》报告发表了这三件残片，并将其定名为管形器，其中有一件下端口沿被误识为上端口沿。三件筒形器残片的特征和邓家湾、屈家岭所出的相同[5]。

在阴湘城、走马岭等遗址中，也都发现了筒形器残片，只是资料没有发表。另外还有许多屈家岭文化遗址，虽然发现有此类陶器的残片，但因残片过小，或未能辨识，所以没有被简报或报告应用。

陶筒形器、乳钉管形器、细长管形器，无论是从形态特征上分析，还是从连接配套的方法上考察，都不可能是日常生活用品。从多方面分析判断，它们只能是屈家岭文化原始宗教活动的遗物，对此学术界的看法是完全一致的。那么这些陶器和相关的遗迹现象究竟反映了怎样的宗教信仰和活动呢？

笔者在《长江中游新石器时代文化概论》第五节，对这个问题进行了一些探讨。该文首先对这些特殊陶器的发现情况作了进一步考察，指出在邓家湾H28、H59等灰坑附近，还发现许多陶缸遗迹。如H304，就有两排陶缸，平行套接延伸，缸口一律向东，但缸底并不相通。这些陶缸遗迹虽然属于石家河文化早期，而且器形与筒管器也并不相同，但两种遗迹同在一个遗址上，石家河文化又是从屈家岭文化直接发展而来，因此两者之间很可能存在某种内在的联系。另外在邓家湾还发现一些火堆遗迹，在这些火堆旁也发现有陶缸。综合这些遗迹现象，可以推测，屈家岭文化的陶筒形器和石家河文化早期的陶缸、火堆都是当时进行祭祀活动留下来的遗迹和遗物。有些学者认为，邓家湾遗址本身就是石家河遗址群中的宗教活动中心。

笔者在文章中分析了筒管器的形态和含义，认为在筒形器、乳钉管形器和细长管形器之中，最重要的是乳钉管形器，因为乳钉管形器实际上包括了另外两种器物的形态和功能。这种乳钉管形器出土时，不少考古人员直观地认为，它是一种巨形陶祖。笔者采纳了这种看法，并进一步提出，石家河文化早期的陶缸也可能是一种陶祖形象。因为这种缸的早期形态都是尖圜底，容量不大，但胎却极厚，其底部最厚处有2.5厘米左右。许多缸上还有刻划符号。因此这种缸绝不是实用物品，而只能是祭祀物品。其形状和男性生殖器相似，很可能具有陶祖的性质和用途。人们祭祀这些陶祖，意在乞求祖先赐福免灾，保佑本族繁衍兴旺。由于屈家岭文化陶祖遗迹范围较大，遗物又相当多，推测这种祭祀活动是由很多人在野外集体进行的，并有一定的仪式。

张万高在《天门邓家湾原始社会社祭遗存研究》[6]一文中，也对陶管形器进行了研究。他认为这种祭祀活动属于社祭，并把陶筒管形器与台湾摩梭族人崇拜的“久木鲁”进行了比较。所谓“久木鲁”，意为会生孩子的石头，是山洞中一种天然形成的钟乳石柱，石柱顶上有一个凹坑，内盛洞顶滴下来的水。妇女为了求得生育，就去祭拜“久木鲁”并喝一些坑中的水。因此张万高认为，“久木鲁”崇拜就是一种女性崇拜，而邓家湾的陶筒管形器和“久木鲁”有许多相似之处。筒形器应属于女性生殖的象征物，位于筒形器之上的管形器则与摩梭人“久木鲁”上边下垂的钟乳一样，是一个完整的男性生殖器形象。张万高的结论是：筒管器乃是一种男女交媾的形象，下部象征女阴，上部代表阳具，是女阴与男阳的复合体。

以上两篇论文虽然对筒管形器的用途和含义作了一些分析和推测，但毕竟资料有限，难作定论。看来，要真正弄清筒管形器的用途和相关的宗教活动方法，还必须在今后的田野考古发掘中，作进一步的观察和研究。

2. 祭坛遗迹

2000 年冬季，荆州博物馆第五次发掘阴湘城遗址，此次发掘最重要的收获，是发现了一处屈家岭文化祭坛[7]。考古工作者在城址的东南角开了 IT1421、IT1422、IT1521、IT1522 四个方，祭坛正好位于这四个方内。祭坛平面呈圆形，直径 9.1 米，高 0.8 米。整个祭坛系用红烧土堆筑而成，顶部较平，周围呈漫坡状，在祭坛周围发现数个圆形和长方形土坑，坑内填较纯净的黄土，无其他遗物。由于受发掘面积限制，坛周围的遗迹现象未能一次揭露清楚。祭坛遗迹出现以后，考古人员对现场进行了分析，排除了作为房居遗迹的可能性，因为屈家岭文化中从未发现一座圆形房屋。再说，整个坛全部用红烧土筑成，中间与四周高差悬殊，也不可能作房内的居住面，但与城头山等遗址发现的祭坛相比，特征则基本相同。因此，阴湘城屈家岭文化祭坛作为宗教活动的遗迹，性质上应该是没有疑问的。

3. 建筑奠基遗迹

屈家岭文化时期，在重要的建筑物进行奠基时，常要举行隆重的祭奠仪式，其遗迹现象在邓家湾和青龙泉遗址都有发现。

1987年，考古工作者在邓家湾遗址的一些建筑基础中，曾发现多达十几对的扣碗现象。这些碗一般为泥质灰陶，大多为仰折腹，发现时，两碗均对扣正放[8]。推测当初放置时，碗内是盛有食物的，因为下面的碗在堆满东西时，上面的碗可以扣得更加稳当。

青龙泉的奠基遗迹见于F3、F6。F6是一座面积相当大、质量相当好的建筑物。在其南室东边墙基下，发现一具完整的猪骨架；另外在年代稍晚的F3东侧房基下，发现一具完整的狗骨架。它们显然都是因奠基而被埋入的[9]。

4. 祭祀坑遗迹

1993年4至12月，宜昌博物馆为配合长江三峡工程建设，在三峡坝址中堡岛进行第三次发掘，发掘面积1900余平方米。发掘出来的古墓葬、灰坑、窖穴、房屋等各种遗迹二百余个，尤为重要的是发现二十三个器物坑[10]。这批器物坑集中分布在中堡岛中部约80平方米的范围内，其中二十一个坑有相互叠压打破的关系。坑口多呈椭圆形，极少数近圆形，斜壁或直壁，坑底多为平底，部分坑底一边高一边低，高低相差10厘米左右。坑口长径一般为180厘米左右，短径一般为120厘米左右。二十三个坑共出土一千余件器物，其中陶器约占85%，石器和玉器约占15%。坑内器物多者（如9号坑）达一百一十余件，少者仅十件左右，多分层放置，其分层、存放位置和器物方向、器类以及器物组合等均有规律可循。这批器物坑开口在屈家岭文化层之下，打破大溪文化层，从出土器物和层位关系分析，应为屈家岭文化遗存。

关于这些器物坑的性质，发掘者曾邀请有关学者到现场对遗迹现象进行了讨论。多数人认为属于祭祀遗迹，但也有一些学者持慎重或保留的态度。从多方面分析，认为属祭祀遗迹的看法是有道理的。因为这些坑的性质只有两种可能，即不是墓葬就是祭祀坑。为什么不会是墓葬呢？其主要理由是：第一，未发现这些坑中有任何人骨痕迹，而在同一个遗址上发现的墓葬，不论是属于什么文化，人骨都保存了下来。如 1985 年至 1986 年发掘的大溪文化 M3，墓口长 1.64 米、宽 0.98 米、深 0.36 米，底略小于口，墓内有七具人骨架。另外，中堡岛遗址出土的骨角器也不少，品种有镞、锥、矛、笄和各种饰品等，可见中堡岛的土质是可以保存人骨的。第二，这些坑的形状都不规则，而且绝大多数都有打破关系，这种现象在已发掘的一千多座屈家岭文化墓葬中是绝对没有的。区区二十三个坑，数量并不多，如果是墓葬，绝不可能出现二十一个墓坑互相打破的情况。第三，坑中出土器物甚丰，最多者达一百一十余件，这种情况，在屈家岭文化中，只有城头山城址中发现一例。但城头山是中心聚落，而中堡岛是在“穷山恶水”之中，条件完全不同。只要看看三峡所有新石器时代墓葬中的随葬陶器是多么贫乏，就会明白，有着大量物品的中堡岛 9 号坑为什么不可能是墓葬的道理了。根据以上分析，可以有力地排除这二十三个坑是墓葬的可能性。既然如此，那就只能认定它们都是祭祀坑。

（二）装饰品

装饰品是人类精神文化的重要表现形式之一。屈家岭文化遗存中发现的装饰品有玉、石器和骨、牙器。分述如下：

屈家岭文化的玉饰品，在城头山遗址中发现二件。一是城头山 M591 出土的玉环，二是 T3125④出土的玉坠。玉环的颜色为鸡骨白，直径 6.7 厘米，上下平，内外边较圆。该墓随葬陶器数十件，人骨已朽，但还能见到牙齿的痕迹，因此可断定其头向。玉环出于左手位置，与车轱山大溪文化 M104 所出玉环位置相同，原来应是戴在手腕上的。坠是以绿松石制成的，上端有孔，一侧保留明显的切割痕迹，长 2.2 厘米（图四九）[11]。

中堡岛屈家岭文化祭祀坑和地层中出土玉饰品多件。《长江三峡工程坝区出土文物图集》登载了其中的三件[12]。13 号和 20 号祭祀坑各出土一件玉璜，均为白色，弧形，截面呈椭圆形，两端对钻小孔，经抛光。13号坑出土的玉璜残长7.4厘米、宽 1.2 厘米、厚 0.3～0.5 厘米。20 号坑出土的玉璜长 9.8 厘米、宽 1.2～1.3 厘米、厚0.2～1 厘米。15 号坑出土一件青灰色残玉镯，截面为椭圆形，残处有修补钻孔，以 90 度角对钻而成，外径 6.5 厘米、内径 5 厘米、宽 2.3～2.6 厘米、厚0.9～1 厘米。

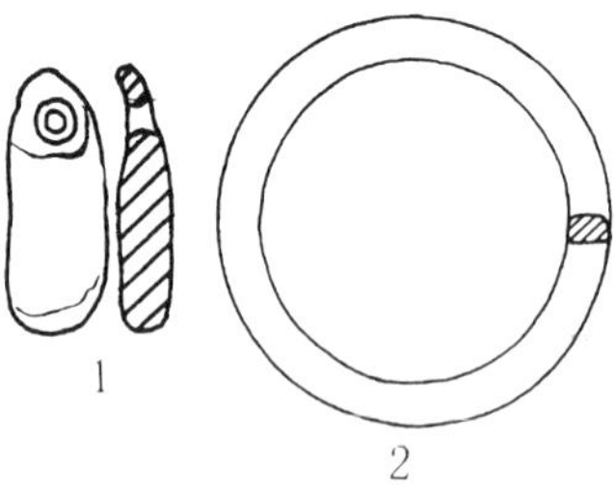

图四九　城头山遗址出土玉饰
1. 坠　2. 环

第二次发掘屈家岭中，发现十七件玉饰品残件，其中属于晚期一的有四件，属于晚期二的有十三件[13]。玉料有软玉及玛瑙等。器形大多数为玉璜，有弧形和桥形两种，截面为片形或椭圆形，两端均有穿孔。此外还有少数带穿孔的玉珠。该遗址还发现为数甚多的陶环。这些陶环可能是明器，并非实用装饰品。

青龙泉屈家岭文化遗存中，发现一件玉质装饰品、十九件石质装饰品[14]，其中有璜、环、珠等。璜均残，形式有弧形、半璧形等。珠为圆管形。

黄楝树出土三十余件石质装饰品，品种主要有环、璜、镯、珠等。其中二件耳饰出自 M15 头骨左右耳的下侧，左侧为二珠一环，右侧为四珠一环，皆为珠在上，环在下，用细绳穿连。石镯出于 M20 墓主右腕上，石料为白色，质地松软，磨制规整[15]。

高坎垅第三期屈家岭文化墓葬中出土玉璜、玉镯各一件。璜（M37∶1）为半环形，质地为玛瑙，通体抛光，断面为扁椭圆形，两端各钻一孔，长 8.4 厘米。玉镯（M10∶6）为青灰色，通体抛光，外径 7 厘米，内径 5.5 厘米[16]。

骨质和牙质装饰品主要出于青龙泉类型，因为这里的土质比较有利于骨、牙的保存。

青龙泉屈家岭文化中发现的骨类装饰品有三十二件笄，其中完整的三件，器形大小悬殊，多数为细圆条形，一端钝尖，通体磨光。骨环二件，均残，系用骨管磨成，外表光滑。骨管一件，为瓮棺内随葬品，用小骨管刮磨而成。青龙泉 F6 北室发现一件象牙梳子，呈半环形，灰白色，约有二十三根栉齿，出土时齿多已残失。柄的正面鼓起一道凸棱，中部上下各穿两个圆孔，制作精细，表面光滑，径 7 厘米，宽 4 厘米，厚 0.2 厘米（图五〇）[17]。

黄楝树遗址出土十九件骨笄，一件骨珠。笄皆用兽肢骨制成，长 9.2～12.4 厘米。标本 T7②:207，上部断面呈方形，下部为圆锥形，通体浅灰色[18]。

下王岗遗址出土十五件骨笄，有两种形式，一种上端尚保留小动物肢骨的关节，下端磨成圆钝的尖头。另一种为圆柱状，上下两端均磨成笄头[19]。

综合以上情况可以看出，屈家岭文化的玉、石装饰品主要有璜、环、镯、坠、珠等，形式简单，数量不多。其他种类的玉器也极少见。这些玉、石装饰品的品种和形态，与长江中游的大溪文化相比，没有太多的区别，其中有些器物或许就是大溪文化流传下来的。骨器的使用虽然较普遍，但由于骨材本身缺少装饰效果，加之不易长期保存，故装饰品中一般只见骨笄。总的来说，屈家岭文化的装饰品比较贫乏，其原因有待研究。

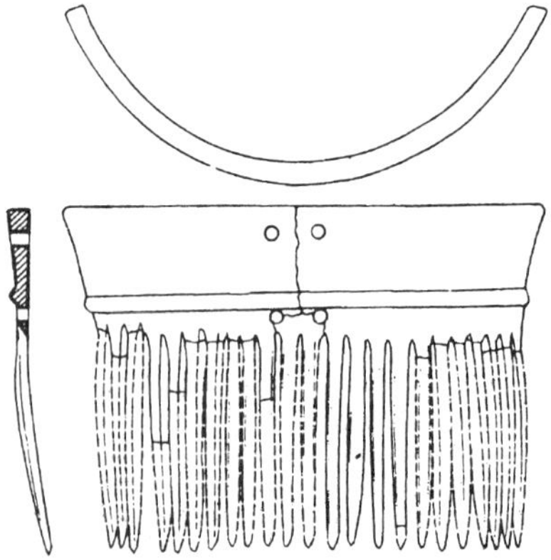

图五〇 青龙泉遗址出土象牙梳

（三）彩陶装饰艺术

在“屈家岭文化的类型与分期”一节中，已经提到了屈家岭文化彩陶的一些特点，下面再从原始文化艺术的角度，进行一些综合分析。

该文化的彩陶可分为两类，一类为薄胎彩陶，其中特别薄的被称为蛋壳彩陶；另一类为厚胎彩陶，也就是普通彩陶。所谓厚胎，只是相对于薄胎而言。《京山屈家岭》的区分标准是：厚度在0.2厘米以下的称为蛋壳陶，有的蛋壳陶实际厚度只有0.05厘米。厚度在0.2～0.3厘米之间的称为薄胎陶，其他均称为厚胎陶，厚度一般为0.5厘米左右。

薄胎彩陶和蛋壳彩陶是屈家岭文化中最有特色的陶器，两者之间除厚度有所不同外，其他特征都基本相同。有些薄胎陶器的口沿、厚度和蛋壳陶十分接近，如果是碎片，很难分辨哪些是薄胎陶，哪些是蛋壳陶，所以一般在说及薄胎陶时，其中也就包含了蛋壳陶（图五一）。

薄胎彩陶（含蛋壳陶）在屈家岭类型中最为多见，其次是在青龙泉类型中。这类彩陶仅限于两种器形，即彩陶杯和彩陶碗。彩陶杯在数量上远远多于彩陶碗，例如屈家岭晚期二复原的蛋壳彩陶杯有四十一件，而复原的彩陶碗不过数件。彩陶杯的质地都是细泥陶，胎色多为橙黄色，轮制。发掘报告认为：彩陶杯“绝大多数有陶衣，作灰、灰黑、橙红、暗红、黑色，有深浅的区别”。实际上这些所谓的陶衣就是彩绘，只不过是一种特殊的彩绘而已。其上彩方法是用小刷蘸取深浅不同的色料，在器表横刷，从而形成云彩一般的效果。有的学者称这种

图五一 屈家岭遗址出土蛋壳彩陶片
（引自《京山屈家岭》）

彩绘为晕染，是屈家岭文化特有的一种彩陶纹饰，极具装饰效果。其他纹饰多绘在杯内面的中上部，或外表的口部。纹饰的基本元素有直线、弧线、篦点、方格纹及彩面五种。最常见的内彩图案是：在杯内口沿上绘两道平行线，中上部等距离地绘三个不规则的圆形或心形彩面，下面再绘两道平行弧线。

蛋壳彩陶碗的形制大多为敞口，深腹，矮圈足，这种器形是从油子岭类型继承和发展而来，器形比油子岭类型的轻巧，口径多在10厘米左右。胎质橙黄，陶质软硬都有，胎内羼有细陶末。花纹大多绘于外表，内彩较少，其主要装饰方法有两种，一种以晕染为主，例如屈家岭 T174:2 (47)[20]，内外口部以下用晕染法涂黑灰色，浓淡不同，再在口内饰一周宽带纹，上下附篦点形纹（图五二，5）。另一种以带状方框纹为主，饰于外表。例如屈家岭 T130:2（1）[21]，表面中部饰二周带状方框圆点纹，底色一律涂成灰黑色。另外有些方框内不加圆点而加一小方框等，画风比较自由和随意。T130:2（1）底部还饰一组互相垂直的四分直线纹（图五二，2）。

厚胎彩陶大部分见于壶形器，少数见于盆、鼎、器盖等。陶衣大多为红色，极少数为白色，色彩以黑、红为主，也有褐色的。彩绘图案主要有网格纹、棋盘格了纹和漩涡纹三种。网格纹主要流行于屈家岭类型，漩涡纹常见于青龙泉类型。壶形器上的花纹图案主要绘于颈部和上腹，鼎多见于扁条形足上。器盖则满饰于表面的每一部分。

彩陶纺轮是一种特殊形式的彩陶，对其花纹图案前文已作叙述，这里不再重复。

屈家岭文化彩陶的艺术特色主要表现在以下两方面：第一是色彩浓艳。彩陶配色以黑、红为主，显得庄重而热烈。第二是注重装饰效果。薄胎彩陶的晕染法，主要是通过浓淡层次强调出一种抽象的色彩美。厚胎彩陶的网格纹、漩涡纹、棋盘格子纹，则是通过对称或多方连续，把简单的几何纹组合成具有装饰性的图案。从壶形器和蛋壳彩陶杯所表现的图案风格看，第一期比较强调整个图案的工整匀称，第二期则偏重于线条的自然和流畅。

注　释

[1] 中国科学院考古研究所《京山屈家岭》64～65 页，图五一，科学出版社 1965 年版。

图五二　屈家岭文化彩陶纹饰

1、7、9．壶形器　2、5．碗　3、6．器盖　4．杯　8．鼎足

[2] 中国科学院考古研究所《京山屈家岭》64 页，图四八:9，科学出版社 1965 年版。
[3] 荆州地区博物馆《湖北王家岗新石器时代遗址》，《考古学报》1984 年第 2 期 215 页，图一三:5。
[4] 石河考古队《湖北石河遗址群 1987 年发掘简报》图十六，《文物》1990 年第 8 期。
[5] 荆门市博物馆《荆门马家垸屈家岭文化城址调查》图九:7、10、11，《文物》1997 年第 7 期。
[6] 张万高《天门邓家湾原始社祭遗存研究》，《荆楚文史》1996 年第 1 期。
[7] 荆州博物馆发掘资料。
[8] 石家河考古队发掘资料。
[9] 中国社会科学院考古研究所《青龙泉与大寺》图版九:2、3，科学出版社 1991 年版。
[10] 卢德佩《湖北宜昌中堡岛发现原始社会群体器物坑》，《江汉考古》1994 年第 4 期。
[11] 何介钧《湖南史前玉器》，《东亚玉器》图 24·2:24、图 24·2:13，香港中文大学 1998 年版。
[12] 王晓田等主编《长江三峡工程坝区出土文物图集》彩版 65、63，科学出版社 1997 年版。
[13] 中国科学院考古研究所《京山屈家岭》图二七:7～10，图五四:13～18、20～24,图版伍肆 1～3、6、13、14，科学出版社 1965 年版。
[14] 中国社会科学院考古研究所《青龙泉与大寺》图六八:15～20，图九七:3、5、6，图九八:6～10、12，图版三一，科学出版社 1991 年版。
[15] 长江流域规划办公室考古队河南分队《河南淅川黄楝树遗址发掘报告》图四二，《华夏考古》1990 年第 3 期。
[16] 湖南省文物考古研究所等《怀化高坎垅新石器时代遗址》，图一三:3、4，《考古学报》1992 年第 3 期。
[17] 中国社会科学院考古研究所《青龙泉与大寺》图七〇，科学出版社 1991 年版。
[18] 长江流域规划办公室考古队河南分队《河南淅川黄楝树遗址发掘报告》，图二九:1，图三〇:1，《华夏考古》1990 年第 3 期。
[19] 河南省文物研究所编《淅川下王岗》图版六〇:5，图二〇九:10，215 页，文物出版社 1989 年版。

［20］中国科学院考古研究所《京山屈家岭》图四三∶3，图版叁伍∶3，科学出版社1965年版。

［21］中国科学院考古研究所《京山屈家岭》图四三∶1，科学出版社1965年版。

九 关于屈家岭文化族属问题的讨论

（一）讨论的基本概况

讨论史前考古学文化的族属，首先必须弄清两个问题：一是考古学文化与族属是什么关系？二是史前社会有没有民族？对这两个问题，严文明的看法是：共同的文化传统是形成考古学文化的重要原因。“而历史文化传统则往往与一定的人们共同体有关，特别是与族群有关。史前社会虽没有形成民族，但那时的部落也自觉不自觉地形成集团，实已具有准族体的性质。所以因历史文化传统影响而形成的考古学文化区，应称之为民族文化区”[1]。张忠培认为：“依民族学的定义，民族是以语言、文化的异同为主要标志界定的人群共同体。在1899年梁启超使用‘民族’一词之前的中国史籍，虽无‘民族’字样，但从先秦文献，尤其是从司马迁所撰《史记》以来的史书来看，也基本上是以语言，尤其是以生活方式、礼仪、风俗乃至经济类型所体现的文化异同来记述实际上存在的民族。可见，人类区分语言、文化不同的民族，乃是客观存在的事实。”“古籍记载的一族，有时恰等于一个考古学文化，有时是包含几个考古学文化，还未见过一个以上的族共有一个考古学文化的现象。”[2]综合以上两位学者的观点，可知史前时代已经形成事实上的民族，而不同的民族又创造了不同的考古学文化。

这就是考古学文化与族属的基本关系，也是我们探讨屈家岭文化族属问题的理论基础。

考古学文化族属问题的研究，是一个复杂的问题。怎样进行这种研究呢？张忠培认为："必须从两个方面着手。一方面要弄清该考古学文化的年代、分布区域和文化特征。另一方面要弄清相关文献所记载的古代民族的活动时间、活动地域及文化特征。""最可靠的办法是把这一问题的研究，放在一定区域内分头研究，然后再作整体的考察。"[3]

关于屈家岭文化的族属问题，已有许多学者发表了看法。最早进行推测的是俞伟超。1980 年他在《先楚与三苗文化的考古学推测》[4]一文中，首先全面地分析了长江中游新石器时代文化的谱系，然后在此基础上，将"以屈家岭文化为中心的三大阶段的原始文化，推测为三苗遗存"。

1987 年林邦存在《三苗与濮关系初探》[5]一文中，对俞伟超的观点进行了具体论证。他的结论是："丹江流域一带的遗址，自屈家岭文化至石家河文化阶段的遗存，从地望上、时代上及早晚文化系列发展关系上都与三苗的有关记载基本相符。他们大多应是三苗一些氏族部落的遗存，而七里河、青龙泉、下王岗等遗址的先民之间还有较共同的风俗习惯。更可证明，这三个遗址都曾是三苗这个集团的氏族部落遗存。"

1988 年李龙章在《江汉新石器文化系统族属考》[6]一文中，将江汉地区的屈家岭文化、石家河文化遗存与古籍中所载有关三苗的资料进行了全面比对，指出两者在时空等方面存在着广泛的一致性。他还对屈家岭文化的来源与三苗族的祖源进行了详细考证，认为两者渊源相同。因此他也同样认为，屈家岭文化和石家河文化为三苗所创造。

类似的讨论意见和看法还有很多。例如孟华平在《长江中游史前文化结构》[7]一书中，“认为屈家岭文化、石家河文化可作为三苗集团的典型代表，但三苗集团并不完全指屈家岭文化和石家河文化”。高崇文在《试论长江中游原始文化的变迁与古史传说》[8]一文中认为：“河南龙山文化应当是五帝时期的文化，长江中游新石器时代后期的土著原始文化是三苗文化。”笔者在《长江中游新石器时代文化概论》[9]中，也发表了相似的观点，并作了具体的探讨。

以上是学术界关于屈家岭文化和石家河文化族属问题讨论的基本情况。在讨论中，也有的学者表示了不同的看法，认为“把三苗文化定在长江中游新石器时代文化遗存中，根据薄弱，矛盾层出，缺乏说服力”[10]。

（二）讨论中涉及的关键性问题

学术界在讨论中涉及的问题很多，其中有两个问题是决定屈家岭文化和石家河文化族属的关键。

1. 屈家岭文化、石家河文化的分布与三苗活动的范围是否一致

屈家岭文化、石家河文化是同一个文化区系中两个具有直接发展关系的考古学文化。两个文化应为同一个民族共同体所创造，弄清其中一个文化的族属，也就等于知道了另一个文化的族属。所以学者们在研究江汉地区新石器文化系统族属问题时，都是把屈家岭文化和石家河文化合并在一起，与三苗活动的情况进行比对。

关于屈家岭文化的分布范围，本书在“遗址的发现和分布”以及“地域类型、分期和特点”两部分已作了详细的论述，这里不再赘言。石家河文化的分布范围和屈家岭文化大同小异。试比较如下：

在鄂西北和豫西南，两种文化基本重合，例如青龙泉、大寺、下王岗、黄楝树等遗址，都是既有屈家岭文化的遗存，又有石家河文化的遗存。在鄂西南，石家河文化的范围略小于屈家岭文化，理由是峡区以内的中堡岛、杨家湾都发现了屈家岭文化的遗存，而石家河文化遗存只是在峡口以东的鸡瑙河[11]和红花套[12]等遗址才有发现。在鄂东，石家河文化比屈家岭文化的范围要大。屈家岭文化最东边的遗址，主要有武汉市武昌区的放鹰台、江夏区（原武昌县）的潘柳村和锣鼓包等。由于后两个遗址中含有大量安徽、江西原始文化的因素，因此可以肯定这里已是屈家岭文化分布区的东界。而石家河文化在鄂东北的麻城栗山岗[13]和鄂东南的通城尧家林[14]都有典型的遗存。在湖南，两种文化的分布相差不大，只是屈家岭文化在湘西向南深入得更远，而石家河文化在湘东的影响更大。

李龙章等人认为，以上范围与三苗集团的活动范围大致吻合。其所依据的首选资料出自《战国策·魏策》中吴起对魏武侯的一段话：“河山之险，信不足保也，是伯王之业不从此也。昔者三苗，左有彭蠡之波，右有洞庭之水，文山在其南，而衡山在其北，恃此险也，为政不善，而禹放逐之……从是观之，地形险阻，奚足以霸王矣！”吴起所说三苗的地理范围，一向受到历史学家的重视，并多有考证。关于“彭蠡”和“洞庭”，多数意见认为就是今鄱阳湖和洞庭湖。“文山”是今何地，无法确定。而对“衡山”的方位，则说法甚多。有人认为是湖南的衡山，也有人认为是湖北的荆山。近人钱穆在《古三苗疆域考》[15]中，认为："盖衡者，横列之名，凡长山连绵，皆得称之。"徐旭生也同意这一看法。他同时认为："衡山所指或许是桐柏及大别各山脉"[16]。俞伟超、李隆章等学者采用徐旭生的说法，推测"衡山"包括伏牛山、桐柏山和大别山诸山脉。由于事隔久远，要准确论定以上这些地名，已很困难。但如果综合各种资料，笼统地把三苗活动的范围框定在长江中游的范围内，则是不会出错的。因为在古籍中，虽然缺少更多有关三苗集团活动范围的记述，但是凡涉及史前三苗活动的地点，却都是在江汉地区范围内。对此学术界的看法几乎是一致的，后面列举的一些古史传说资料，也都可以提供证明。

屈家岭文化、石家河文化与三苗活动范围的一致，意味着这两种文化很可能就是三苗所创造。因为一方面，三苗是一个势力相当强盛且活动范围很大的部落联盟，在长江中游范围内，除去以上两种文化遗存以外，不可能再找到其他与三苗集团相称的较大的考古学文化遗存。另一方面，假如屈家岭文化或石家河文化分布区不属于三苗活动的范围，就得到长江中游以外的地方去找，但这样就会与古籍记载的三苗活动的地点相矛盾。

2. 长江中游新石器时代末期文化谱系的演变与华夏对三苗的斗争是否有关联

根据本书前面的叙述，在距今 5000 年至 4000 年之间，长江中游先后存在过三种考古学文化。第一种是屈家岭文化，年代范围在距今 5000 年至 4600 年之间。第二种是石家河文化，它是对屈家岭文化的继承和发展，其年代上限和屈家岭文化相衔接，但下限尚不是很明确。第三种原先称为石家河文化晚期，近年来一些学者称之为石板巷子文化、肖家屋脊文化或后石家河文化等。对于这一类遗存，许多学者认为它与河南龙山文化煤山类型相似，或将它“视作煤山文化江汉地区的一种变体”[17]。其成因是中原华夏集团文化的南下。煤山一期碳十四年代测定数据有两个：T13③B 层出土木炭为公元前 2290 ± 160 年，F6 木炭为公元前 2005 ± 120 年（均经树轮校正）[18]，后一测年明显偏晚。已知煤山二期被直接叠压在二里头文化一期之下[19]，因此石板巷子文化的下限可能与煤山二期相当。也有学者认为：“石板巷子文化是夏代长江中游地区一支受中原文化强烈影响的区域性文化”[20]。

以上三种文化谱系的演变与华夏集团对三苗的斗争是否有关联呢？许多学者的回答是肯定的。

关于史前三苗在长江中游的活动及华夏集团对三苗的斗争，各种古籍中记述甚多：

《吕氏春秋·知分》：“尧战于丹水之浦，以服南蛮，舜却苗民，更易其俗。”此处的“南蛮”在“六韬”中为“有苗”。

《史记·五帝纪》：“三苗在江淮、荆州数为乱，于是舜归而言于帝，请流共工于幽陵，以变北狄，放驩兜于崇山，以变南蛮，迁三苗於三危，以变西戎，殛鲧于羽山，以变东夷，四罪而天下咸服。”

《淮南子·修务篇》：舜“南征三苗，道死苍梧”。

《礼记·檀弓上》：“舜葬于苍梧之野”，郑玄注：“舜征有苗而死，因留葬焉。”

《韩非子·五蠹》：“当舜之时，有苗不服，禹将伐之，舜曰：‘不可，上德不厚而行武，非道也’。乃修教三年，执干戚舞，有苗乃服。”

《墨子·非攻下》：“昔者三苗大乱，天命殛之，日妖宵出，雨雪三朝，龙生于庙，犬哭于市，夏冰，地拆及泉，五谷变化，民乃大振。高阳乃命玄宫，禹亲把天之瑞令，以征有苗。四电诱祇，有神人面鸟身，若珪以待，搤矢有苗之祥，苗师大乱，后乃遂几。”

《墨子·兼爱》：“禹曰：‘济济有众，咸听朕言，非唯小子，敢行称乱。蠢兹有苗，用天之罚，若予既率尔群对诸群，以征有苗。’”

类似的内容，在其他古籍中亦屡见不鲜，所说的差不多都是黄河流域和长江中游两个集团之间的战争，这些记述虽然属于传说，但史学家多认为属于信史。

两个集团之间的战事有什么特点呢？根据古籍中的各种记述，至少可以看出以下两点：第一，交战的双方势均力敌，战争旷日持久。华夏集团对三苗的战争是从尧开始，中间经舜，直到禹时才取得胜利。战争也不顺利，连舜自己都战死在南方了。第二，双方之间的战争可分为两个阶段：尧、舜时期为相持阶段，禹时为决战阶段。在相持阶段，战争是因“三苗在荆州、江淮数为乱”，也就是严重侵犯了华夏集团的利益而引起的，战争打打停停，华夏集团取得了一些胜利。“迁三苗于三危”，也可能从尧舜时期就开始了。三危在什么地方呢？据杨建芳对陕西神木等地所出石家河文化玉器的分析，三危应是在陕甘一带[21]。由于三苗时服时反，舜并没有征服三苗。在决战阶段，三苗遭遇了特大洪水，五谷不收，人民惊恐。统治者残酷地进行镇压，《尚书·吕刑》：“苗民不用灵，制以刑，惟作五虐之刑……”总之，天灾人祸，导致内部“大乱”。禹乘机进行征伐。战前禹作了充分准备，一是矫天帝之命，二是调集其他部落的人一同出征。李龙章认为《非议》中的“人面鸟身”部落，即可能是东夷集团被征调的力量。《墨子·兼爱》所载禹的一段话，就是禹在出征前对各部落首领的动员和训话。虽然这些话很可能只是后人托言，但事实本身却应该是真实的。通过这次大战，“苗师大乱，后乃遂几”，三苗遭到了彻底的失败。三苗失败后，照例要被驱使和流放。“人夷其宗庙而火焚其彝器，子孙为隶，下夷于民。”（《国语·周语》）

华夏集团和三苗集团之间的战争，与长江中游新石器时代末期文化谱系的演变有很多可以契合之处。第一，在战争起始阶段，“尧战于丹水之浦”的“丹水”应即今之丹江。尧向丹江进攻，说明此前丹江流域已为三苗集团所占有和控制。查新石器时代末期文化分布图，丹江流域正好是屈家岭文化和石家河文化的分布范围。但在屈家岭文化到达以前，这里本是仰韶文化的分布区，也就是中原部落的势力范围。由于三苗势力向北发展深入到了丹江一带，因而与华夏集团发生了矛盾。第二，在华夏集团与三苗集团长期相持的阶段，鄂西北和豫西南仍是石家河文化的分布范围，这与尧舜未能征服三苗是相一致的。青龙泉、下王岗等石家河文化遗存中，含有不少中原文化的因素，暗示在两个集团不断碰撞的形势下，南北方文化的交流也在加快进行。第三，在华夏集团战胜三苗集团以后，必然会出现考古学文化的更替。这种更替与石板巷子一类遗存的出现，很可能有着直接的联系。

综上所述，屈家岭文化、石家河文化遗存的分布范围和存续时间，与三苗集团的活动空间以及尧舜对三苗的战争之间，存在着广泛的一致性。因此，推测这两种文化为三苗所创造是有一定事实根据的。

注　释

[1] 严文明《关于考古学文化的理论》,《走向21世纪的考古学》86～87页，三秦出版社1997年版。
[2] 张忠培《民族学与考古学的关系》,《中国考古学实践、理论、方法》,中州古籍出版社1994年版。
[3] 同 [2]。
[4] 俞伟超《先楚与三苗文化的考古学推测》,《文物》1980年第10期。
[5] 林邦存《三苗与濮关系初探》,《湖北省考古学会论文选集（一)》,武汉大学学报编辑部1987年版。
[6] 李龙章《江汉新石器文化系统族属考》,《江汉考古》1988年第2期。
[7] 孟华平《长江中游史前文化结构》,长江文艺出版社1996年版。
[8] 高崇文《试论长江中游原始文化的变迁与古史传说》,《稻作 陶器和都市的起源》,文物出版社2000年版。
[9] 张绪球《长江中游新石器时代文化概论》第六章，湖北科技出版社1992年版。
[10] 唐嘉弘《楚与三苗不同源》,《江汉论坛》1982年第11期。
[11] 杨权喜《关于鄂西六处新石器时代晚期遗存的探讨》,《考古》2001年第5期。
[12] 李龙章《江汉新石器文化族属考》,《江汉考古》1988年第2期。
[13] 武汉大学考古教研室等《湖北麻城栗山岗新石器时代遗址》,《考古学报》1990年第4期。
[14] 武汉大学考古专业等《湖北通城尧家林遗址试掘》,《江汉考古》1983年第3期。
[15] 钱穆《古三苗疆域考》,《燕京学报》第12期。
[16] 徐旭生《中国古史的传说时代》(增订本),文物出版社1985年版。
[17] 白云《关于“石家河文化”的几个问题》,《江汉考古》1993年第4期。
[18] 中国社会科学院考古研究所河南二队《河南临汝煤山遗址发掘报告》,《考古学报》1982年第4期。
[19] 同 [18]。
[20] 同 [11]。
[21] 杨建芳《“窜三苗于三危”的考古学研究》,《东南文化》1998年第2期。

参考文献

1. 丁颖《江汉平原新石器时代红烧土中的稻谷壳调查》，《考古学报》1959 年第 4 期。

2. 李文杰《试论青龙泉与屈家岭文化、庙底沟二期文化的关系》，《中国考古学会第二次年会论文集》，文物出版社 1980 年版。

3. 何介钧《试论大溪文化》，《中国考古学会第二次年会论文集》，文物出版社 1980 年版。

4. 林向《大溪文化与巫山大溪遗址》，《中国考古学会第二次年会论文集》，文物出版社 1980 年版。

5. 周厚强《对孝感地区新石器时代文化的几点认识》，《湖北省考古学会论文选集（一）》，武汉大学学报编辑部 1987 年版。

6. 林邦存《三苗与濮关系初探》，《湖北省考古学会论文选集（一）》，武汉大学学报编辑部 1987 年版。

7. 张光直《考古学专题六讲》，文物出版社 1981 年版。

8. 李文杰《大溪文化的类型与分期》，《考古学报》1982 年第 2 期。

9. 郑杰祥《屈家岭文化渊源试探》，《楚文化研究论文集》，河南人民出版社 1983 年版。

10. 陈维稷《中国纺织科学技术史（古代部分）》，科学出版社 1984 年版。

11. 徐旭生《中国古史的传说时代》（增订本），文物出版社 1985 年版。

12. 何介钧《洞庭湖区新石器时代文化》，《考古学报》1986 年第 4 期。

13. 张绪球《汉水东部地区新石器时代文化初论》，《考古与文物》1987 年第 4 期。

14. 郭胜斌《三元宫史前遗存文化属性及其相关问题》，《江汉考古》1988 年第 3 期。

15. 李龙章《江汉新石器文化系统族属考》，《江汉考古》1988 年第 2 期。

16. 任式楠《长江黄河中下游新石器文化的交流》，《庆祝苏秉琦考古五十五年论文集》，文物出版社 1989 年版。

17. 严文明《中国新石器时代聚落形态的考察》，《庆祝苏秉琦考古五十五年论文集》，文物出版社 1989 年版。

18. 何介钧《试论屈家岭文化划城岗类型的分期》，《考古》1989 年第 4 期。

19. 朱乃诚《三元宫墓葬的分期及其文化性质》，《考古》1990 年第 5 期。

20. 吴汝祚《对三元宫遗址文化性质和分期问题的探讨》，《江汉考古》1990 年第 3 期。

21. 沈强华《屈家岭文化青龙泉类型的由来》，《史前研究》1990 —1991 年合订本。

22. 郑州粮食学院粮油工业系《淅川黄楝树遗址出土粮粒鉴定意见》，《华夏考古》1990 年第 3 期。

23. 王杰《试论湖南大溪文化》，《考古》1990 年第 3 期。

24. 刘德银《论石家河文化早期与屈家岭文化晚期的关系》，《江汉考古》1990 年第 3 期。

25. 张绪球《屈家岭文化晚期遗存的分期问题》，《湖北省考古学会论文选集（二）》，江汉考古编辑部 1991 年版。

26. 刘德银《论江汉地区新石器时代出土的纺轮》，《湖北省考古学会论文选集（二）》，江汉考古编辑部 1991 年版。

27. 余西云《三元宫遗址的分期及其性质》，《江汉考古》1992 年第 2 期。

28. 张绪球《长江中游新石器时代文化概论》，湖北科学技术出版社1992年版。

29. 孟华平《论大溪文化》，《考古学报》1992年第4期。

30. 杜金鹏《试论大汶口文化颍水类型》，《考古》1992年第6期。

31. 卢德佩《宜昌地区原始文化综述》，《江汉考古》1993年第2期。

32. 白云《关于“石家河文化”的几个问题》，《江汉考古》1993年第4期。

33. 李文杰《屈家岭遗址第三次发掘遗存的制陶工艺和年代问题》，《中国历史博物馆馆刊》1994年第1期。

34. 沈强华《鄂西地区大溪文化的去向和屈家岭文化的来源》，《江汉考古》1994年第4期。

35. 杨权喜《试论江汉古城的兴衰》，《江汉考古》1994年第4期。

36. 河南省文物研究所《河南考古四十年》，河南人民出版社1994年版。

37. 张绪球《屈家岭文化古城的发现和初步研究》，《考古》1994年第7期。

38. 白寿彝主编《中国通史》第二卷，上海人民出版社1994年版。

39. 张忠培《中国考古学实践、理论、方法》，中州古籍出版社1994年版。

40. 孟华平《长江中游新石器时代文化的结构》，长江文艺出版社1996年版。

41. 王红星《长江中游地区早期城市管窥》，《长江中游史前文化暨第二届亚洲文明学术讨论会论文集》，岳麓书社1996年版。

42. 何介钧《湖南早期新石器时代文化遗存》，《湖南先秦考古学研究》，岳麓书社1996年版。

43. 张万高《天门邓家湾原始社祭遗存研究》，《荆楚文史》1996年第1期。

44. 李力《“史前城址与聚落考古学术研讨会”综述》，《文物》1996年第11期。

45. 王晓田等主编《长江三峡工程坝区出土文物图集》，科学出版社1997年。

46. 任式楠《中国史前城址考察》，《考古》1998年第1期。

47. 林邦存《关于屈家岭文化区、系、类型问题的初步分析》，《江汉考古》1997年第1期。

48. 林邦存《关于屈家岭文化区、系、类型问题的初步分析（续）》，《江汉考古》1997年第2期。

49. 严文明《走向21世纪的考古学》，三秦出版社1997年版。

50. 冈村秀典等《湖北阴湘城遗址研究》，日本《东方学报》1997年3月。

51. 中村慎一《石家河遺迹と中国都市文明の起源》，《住的考古学》，日本同成社1997年版。

52. 何介钧《湖南史前玉器》，《东亚玉器》第一册，香港中文大学1998年版。

53. 沈强华《油子岭一期遗存试析》，《考古》1998年第9期。

54. 杨建芳《“窜三苗于三危”的考古学研究》，《东南文化》1998年第2期。

55. 严文明《文明起源研究的回顾与思考》，《文物》1999年第10期。

56. 湖南省文物考古研究所编《湖南考古漫步》，湖南美术出版社1999年版。

57. 孙广清《河南境内的大汶口文化和屈家岭文化》，《中原文物》2000年第2期。

58. 严文明等主编《稻作 陶器和都市的起源》，文物出版社2000年版。

59. 杨权喜《关于鄂西六处新石器时代晚期遗存的探讨》，《考古》2001年第5期。

60. 石家河考古队《邓家湾》，文物出版社2003年版。

61. 石家河考古队《肖家屋脊》，文物出版社1999年版。

图书在版编目（CIP）数据

屈家岭文化/张绪球著. --北京：文物出版社，2004.12（2020.11重印）

（20世纪中国文物考古发现与研究丛书）

ISBN 978-7-5010-1612-9

Ⅰ.屈… Ⅱ.张… Ⅲ.新石器时代文化-研究-京山县 Ⅳ.K872.634

中国版本图书馆CIP数据核字（2004）第038380号

20世纪中国文物考古发现与研究丛书

屈家岭文化

著　　者　张绪球

封面设计　张希广
责任印制　苏　林
责任编辑　张庆玲
重印编辑　吕　游
出版发行　文物出版社
社　　址　北京市东直门内北小街2号楼
网　　址　http：//www.wenwu.com
邮　　箱　web@wenwu.com
印　　刷　文物出版社印刷厂有限公司
开　　本　850mm×1168mm　1/32
印　　张　8.375
版　　次　2004年12月第1版
印　　次　2020年11月第2次印刷
书　　号　ISBN 978-7-5010-1612-9
定　　价　40.00元